ZHONGHUA RENMIN GONGH
GUOFANG JIAOTONGFA
BAIWEN BAIDA

U0867514

中华人民共和国
国防交通法
百问百答

国家交通战备办公室◎编

法律出版社
LAW PRESS·CHINA

图书在版编目(CIP)数据

中华人民共和国国防交通法百问百答 / 国家交通战备办公室编. -- 北京 : 法律出版社, 2020
ISBN 978-7-5197-4785-5

Ⅰ. ①中… Ⅱ. ①国… Ⅲ. ①军事交通-交通法-中国-问题解答 Ⅳ. ①D922.125

中国版本图书馆 CIP 数据核字(2020)第 135094 号

中华人民共和国国防交通法百问百答
ZHONGHUARENMINGONGHEGUO GUOFANG JIAOTONGFA BAIWENBAIDA

国家交通战备办公室 编

责任编辑 陶玉霞 张红蕊
装帧设计 汪奇峰

编辑统筹 法规出版分社
出版 法律出版社
开本 A5
总发行 中国法律图书有限公司
印张 3.5
经销 新华书店
字数 53 千
印刷 三河市龙大印装有限公司
版本 2020 年 11 月第 1 版
责任印制 张建伟
印次 2020 年 11 月第 1 次印刷

法律出版社/北京市丰台区莲花池西里 7 号(100073)
网址/www.lawpress.com.cn
投稿邮箱/info@lawpress.com.cn
销售热线/400-660-8393
举报维权邮箱/jbwq@lawpress.com.cn
咨询电话/010-63939796

中国法律图书有限公司/北京市丰台区莲花池西里 7 号(100073)
全国各地中法图分、子公司销售电话:
统一销售客服/400-660-8393/6393
第一法律书店/010-83938432/8433 西安分公司/029-85330678 重庆分公司/023-67453036
上海分公司/021-62071639/1636 深圳分公司/0755-83072995

书号: ISBN 978-7-5197-4785-5
定价: 18.00 元
(如有缺页或倒装,中国法律图书有限公司负责退换)

编审人员

主　审：丁向荣　邱　杨　张　伟　白忠斌　郭成源

副主审：何学文　黄伟业

审　查：王同广　杜晓东　陈祖华　王铁牛　赵东斌
陈创东　徐　峰　童　严　张天翔　陈　洲
姜　巍　孙　勇　陈志学

编　写：吕伟凯　屈百春　陈克伟　刘　兴　朱聪功
伍儒富　钱产兴　段树荣　张　晶　张国文
陈亦超　王树峰　沈培新　王晓安　沈昌礼
黄本海　蔡中流　顾永治　贾国林　陈宝锋
李来扛　侯　巍　张春林　李程强　张膈熹
祝　刚　廖鹏飞　黄　浩　赵　磊　王　鹏
张　鑫　张合勇　张祥利　曹富贵　邢建伟
韩　健　任　亮　周　杰　李　亨　王林岗
康小岐　李远星　李玉磊　孙成程　周　营
冯　斌　刘曰胜

前　言

《中华人民共和国国防交通法》(以下简称《国防交通法》)经第十二届全国人民代表大会常务委员会第二十二次会议通过,国家主席习近平签署第五十号主席令于2016年9月3日公布,自2017年1月1日起施行。该法是党的十八大以来在国防军事领域制定的第一部法律,也是深入贯彻军民融合国家战略的第一部法律。公布施行《国防交通法》,对于规范国防交通活动,加强国防交通建设,促进交通领域军民融合,提高战略投送能力,维护国家主权、安全和发展利益,实现强国强军梦,具有十分重要的意义。

为指导各级学习、宣传、贯彻、落实好《国防交通法》,我们组织编写了《中华人民共和国国防交通法百问百答》,以帮助大家更好地学习、理解该法规定的内容,推动国防交通工作全面、高效、持续地依法向前推进。

编　者

目　　录

1 《国防交通法》立法的必要性是什么？

答：国防交通是国家经济社会发展和保障军队“能打仗、打胜仗”的双重支撑，是军民深度融合的重要领域，对于富国和强军都具有基础性甚至“生命线”意义。中华人民共和国成立以来，党中央、国务院、中央军委十分重视国防交通工作，1995年颁布的《国防交通条例》和2003年颁布的《民用运力国防动员条例》，对于加强国防交通建设、提高国防交通保障能力、保障国防活动顺利进行，发挥了历史性重要作用。随着我国社会主义市场经济的深入发展以及军事斗争准备的深化拓展，国防交通工作出现了一些新情况新问题。一是利益引导机制不够完善，调整公民和组织参与国防交通工作的权利义务的法律法规依据难以满足新形势下国防交通工作的实际需要。二是军地之间仅靠沟通协调，缺乏稳定性和权威性，不能形成持续的工作合力，需要依法规范和统筹。三是为适应国家安全和发展利益要求，亟待提高战略投送能力，而提高战略投送能力的力量和制度建设尚无法律依据。四是平战转换机制不够完善，不利于将国防交通潜力迅速转化为战时和平时出现特殊情况时的保障能力。因此，制定一部规范国防交通工作的基础性、全局性、综合性法律，解决国防交通工作中存在的实际问题，十分必要。

2 《国防交通法》有哪些亮点?

答:与1995年颁布的《国防交通条例》相比,《国防交通法》有五大亮点:一是贯彻了军民融合发展国家战略。二是增加了国防交通规划、战略投送、会商制度、平战转换、战时组织指挥等新的内容。三是完善了市场导向、政策支持、利益引导、责权利统一、激励与约束等工作机制。四是明晰了经费保障和国防运输运价确定的原则,突出和完善了民用运载工具贯彻国防要求的法律规范。五是规范了实施国际救援、海上护航、维护国家海外利益军事行动交通保障的支持政策和保障措施。

3 制定《国防交通法》贯彻了哪些基本原则?

答:制定《国防交通法》贯彻了以下三项基本原则:一是军民融合发展国家战略。建立利益引导机制,强化市场导向作用,调动公民和组织参与国防交通活动的积极性,为促进交通领域军民融合深度发展提供法治保障。二是着眼发展战略投送能力。贯彻新形势下军事战略方针,明确军队、政府、企业、公民各方在国防交通活动中的权利和义务,规范管理体系、运行机制和政策制度,加快构建骨干在军、主体在民、一体保障的现代战略投送体系。三是与相关法律相衔接。坚持以《宪法》《国防法》为基本依据,与相关法律协调衔接,将长期以来国防交通工作的实践经验和有效做法上升为法律规范。

4 《国防交通法》规范的主要内容有哪些?

答:《国防交通法》共九章六十条,主要规范了三个方面的内容:一是建立国防交通管理体制机制。按照军队提需求、国防交通主管机构搞协调、政府抓落实的原则,构建国防交通的基本管理体制机制,明确军队、政府和企业事业单位在国防交通活动中的地位与职责以及公民在国防交通活动中的权利与义务。二是规范国防交通的主要活动。对国防交通工作的目的、依据、方针、原则、鼓励政策、经费保障、科研、教育、平战转换机制等作了原则规范,对国防交通规划、国防交通工程设施建设、交通工程设施建设和民用运载工具建造贯彻国防要求、国防运输、国防交通保障、国防交通物资储备进行了系统规范,归纳起来就是规划、建设、管理和资源使用活动,基本涵盖了国防交通的全部内容。三是明确国防交通活动的主要保障条件。按照国家事权划分原则,由中央和地方人民政府分别负责国防交通经费保障,企业事业单位用于开展国防交通日常工作的合理支出,列入本单位预算,计入成本。国防交通建设纳入国民经济和社会发展规划以及行业、部门规划,军事需求纳入交通设施设备的技术标准和规范。明确国家对参与国防交通建设给予政策支持，加强边防、海防地区交通基础设施建设，扶持沿边、沿海经济欠发达地区交通运输发展等。

第一章　总　　则

5 《国防交通法》的立法目的是什么？

答：制定《国防交通法》的目的是加强国防交通建设，促进交通领域军民融合发展，保障国防活动顺利进行。

（1）加强国防交通建设。国防交通建设以国家交通为依托，旨在增强国家交通的国防功能。国防交通建设作为国防建设的重要内容，是国家交通领域的一项长期战略性任务，在维护国家主权、领土完整和安全中发挥着特殊作用，是军民融合发展的重要领域。国防交通建设既有物质技术和保障力量建设，也有政策制度和思想建设，内容非常广泛。中华人民共和国成立后的国防交通，历经七十多年的建设发展，形成了具有中国特色的国防交通工作方针和原则、组织管理体系、法规制度、设施装备体系、专业保障力量和动员机制，走出了一条平战结合、军民结合、协调发展的路子，在国防建设、作战保障、战备训练和抗洪抢险、抗震救灾、反恐维稳等任务中发挥了重大作用。随着国家安全和发展利益的拓展、军事战略方针的调整以及交通运输业的发展，国防交通的内涵与外延比历史上任何时候都更加丰富。新形势下，为实现“两个一百年”的宏伟目标和党在新时代的强军目标，贯彻落实军民融合发展国家战略，有效履行我军新的历史使命，国防交通需要全面加强现代化建设，在新的更高起点上深化改革、创新发展。《国防交通法》的颁布实施，为国防交通活动高效、有序地开展提供了法律保障，推动国防交通建设迈上新台阶。

(2)促进交通领域军民融合发展。把军民融合发展上升为国家战略，是党中央从国家安全和发展战略全局出发作出的重大战略决策，是在全面建成小康社会进程中实现富国和强军的必由之路。党的十八大报告指出:“坚持走中国特色军民融合式发展路子，坚持富国和强军相统一，加强军民融合式发展战略规划、体制机制建设、法规建设。”长期以来，国家坚持平战结合、军民结合的原则，在交通领域的工程设施、运载工具、保障力量、体制机制、法规制度等方面采取了一系列有效措施，始终推进军民融合发展。在交通工程设施建设方面，国家统筹规划，兼顾国民经济和国防需要，充分听取军队意见建议；在保障力量建设方面，军队与政府共同商定建设规模和重点，依托大中型企业组建战略投送支援、工程抢修和战备应急通信等保障队伍；在体制机制建设方面，建立军地高层会商机制，研究解决重大问题；在国防运输和国防交通保障方面，由军队向交通运输企业或机构派驻军事代表办事机构,在政府国防交通主管机构中实行军地合署办公,共同组织完成国防运输和国防交通保障任务。进入新的历史时期,国家提出了“平时服务、急时应急、战时应战”的总要求,推进了国防交通军民融合向纵深发展。2013 年,军民融合发展上升为国家战略,国家采取一系列重大举措,保障这一战略的实施。《国防交通法》为加快形成国防交通全要素、多领域、高效益的军民融合深度发展的格局,提供了法律保障。

(3)保障国防活动顺利进行。国防活动是指为准备战争、遏制战争、实施战争所进行的一系列活动,包括平时和战时。平时进行的战争准备活动,即通常意义上的国防建设,是指国家为构建和完善国防体系、提高国防能力而进行的一系列活动的统称,包括武装力量建设,边防、海防、空防、人防及战场建设,国防科技与国防工业建设,国防动员建设,国防法制建设,国防教育以及与国防相关的交通运输、信息通信、医疗卫生、能源、水利、气象、航天等方面的建设。遏制战争、实施战争,是指国家为达成战略意图而进行的军事部署调整、作战力量运用、军事行动筹划组织以及与此相关的各项保障活动。无论是平时还是战时,国防交通都是国防活动的基础支撑,平时要搞好各项建设和准备,战时要能够迅速征用,并实施强有力的高效保障。

6 国防交通活动的军民深度融合体现在哪些方面？

答：《国防交通法》在国防交通方针原则、体制机制、组织程序、技术措施等各个方面，都贯彻了军民融合思想，在法律层面体现了交通领域全要素、多系统、全过程的军民深度融合。在大政方针方面，规定国家坚持军民融合发展战略，统筹经济建设和国防建设，推进交通领域军民融合深度发展，提高国防交通平时服务、急时应急、战时应战的能力。在国防交通规划方面，规定要兼顾国防和经济社会发展需要，国防交通建设规划纳入县级以上人民政府的国民经济和社会发展规划。在交通工程设施建设和民用运载工具建造方面，规定要贯彻国防要求，增强国防功能，修建、建造的项目应当与交通主体工程（装备）同步设计、同步建设、同步验收，国防交通工程设施在满足国防需要的前提下，应当为经济活动提供便利。在国防运输方面，规定县级以上人民政府交通主管部门会同军队有关交通运输部门共同组织，地方政府和相关企业事业单位应当为国防运输提供相关保障。国家以大中型运输企业为主要依托，组织建设战略投送支援力量。在国防交通保障方面，规定从方案制定到组织实施，由政府有关部门和有关军事机关及相关企业事业单位共同进行。国防交通储备物资既可用于国防，也可用于抢险、救灾等突发事件。

7 《国防交通法》的适用范围是什么?

答:《国防交通法》是专门规范国防交通活动的基本法律,适用于以满足国防需要为目的,在铁路、道路、水路、航空、管道以及邮政等交通领域进行的规划、建设、管理和资源使用活动。"铁路"包括国家铁路、地方铁路、专用铁路、铁路专用线以及城市地铁、轻轨等。通常由基础设施设备、牵引动力和运载工具、通信信号和调度指挥、运营管理机构和人员以及法规制度等构成。"道路",包括公路、城市道路、没有达到国家最低技术等级要求的等外公路、允许社会机动车辆通行的单位管辖的道路及场所等。通常由线路和车站等交通设施、汽车等运载工具、通信指挥等控制设备、运营管理机构和人员以及法规制度等构成。"水路",包括海洋、江河、湖泊及其他通航水域。通常由航道和港口(码头)等基础设施、运输和工程等各类船舶、导航和指挥控制设备、运营管理机构和人员、法规制度等构成。运输和工程等各类船舶也包括具有军事用途的渔船。"航空",包括公共航空和通用航空。通常由机场、航空器、空域、航路航线、指挥控制系统、运营管理机构和人员以及法规制度等构成。"管道",包括原油管道、成品油管道和天然气管道等。通常由固定专用管道、配套设施和设备、运营管理机构和人员以及法规制度等构成。"邮政",包括邮政普遍服务和商业性快递业务。通常由邮路、通邮设施和设备、运营管理机构和人员以及法规制度等构成。

为了适应国家交通通信体制改革发展的情况,《国防交通法》将传统的“邮电通信”调整为邮政和通信,并对通信的适用范围在第五十九条中进行了专门规定,以避免与其他通信相关法律不一致。

8 国防交通工作的方针是什么?

答:国防交通工作的方针是:坚持军民融合发展战略,推动军地资源优化配置、合理共享,提高国防交通平时服务、急时应急、战时应战的能力,促进经济建设和国防建设协调发展。这个方针的确立,贯彻了党中央、中央军委的战略决策,融合了各级的智慧。党的十八大提出了“坚持走中国特色军民融合式发展路子,坚持富国和强军相统一,加强军民融合式发展战略规划、体制机制建设、法规建设”的重要战略思想。中共中央、国务院、中央军委印发的《关于经济建设和国防建设融合发展的意见》规定,建立完善军地资源优化配置、合理共享、平战结合的制度体系和运行机制,形成全要素、多领域、高效益的军民深度融合发展格局,使经济建设为国防建设提供更加雄厚的物质基础,国防建设为经济建设提供更加坚强的安全保障。根据军委首长关于“战略指导要突出军民融合、突出服务打仗”的指示要求,《国防交通法》增加了“平时服务、急时应急、战时应战”的内容。

9 国防交通工作的原则是什么?

答:国防交通工作遵循统一领导、分级负责、统筹规划、平战结合的原则。这一工作原则是在《国防交通条例》的基础上上升而来,并被赋予了新的内涵,是组织管理国防交通活动的基本遵循,并被实践证明是行之有效的。它既保持了指导国防交通工作的一贯思想,也体现了国家统筹经济和国防建设、军民融合深度发展的新要求。

统一领导。国防和军队建设,在党中央、国务院、中央军委的统一领导下组织实施,国防交通是国防建设的重要内容,一直按照党中央、国务院、中央军委确定的大政方针和统一部署组织实施。国防交通工作涉及军队、政府多个部门和交通运输企业事业诸多单位,涵盖铁路、道路、水路、航空、管道和邮政等多个行业,只有坚持统一领导,才能做到统一号令、统一步调、统筹规划、突出重点,促进国防交通和国家交通协调发展,提高国防交通建设效益和保障效能;只有坚持统一领导,才能保证国防交通与国家安全战略和军事斗争准备要求相适应。

分级负责。国防交通是军政民企各级的共同责任。《国防法》第十五条第二款规定:"地方各级人民政府依照法律规定的权限,管理本行政区域内的征兵、民兵、预备役、国防教育、国民经济动员、人民防空、国防交通、国防设施保护、退出现役的军人的安置和拥军优属等工作。"根据这一规定，县级以上地方各级人民政府管理本行政区域的国防交通工作。《国防交通法》按照分级负责的原则区分各级人民政府及其相关部门的国防交通工作职责。军队的国防交通工作按照中央军委的规定分级负责。

统筹规划。主要包括以下几个方面的内容：一是国防交通与国家交通的统筹规划，增强国家交通的国防功能，以利于保证国防交通与国家交通的同步建设、同步发展。二是国防交通与经济社会发展、城乡规划和土地利用等方面的统筹规划，以利于按照国家有关规定给予政策支持，保证国防交通建设的落实。三是国防交通各类要素的统筹规划，包括基础设施、运载工具、保障力量、物资器材、教育训练与科研等，以利于平衡协调发展。四是铁路、公路、水路、航空、管道等交通运输方式的统筹规划，以利于形成综合的国防交通保障体系。

平战结合。平时交通建设要考虑战时国防交通保障的需要，把平时经济发展与战时国防需要有机结合起来，增强国家交通的国防适用性，积聚和提高战争保障潜力；国防交通建设也要兼顾经济社会发展需要，国防交通资源要为国家经济建设和社会发展提供服务。交通建设平战结合的目的，是要在总体上强化其服务国防建设、军队建设和经济社会建设的功能。平战结合是我国国防交通工作长期坚持的一项基本原则和发展途径，也是交通领域实现军民融合的有效举措。落实平战结合，在国家层面主要是建立统一领导、军地协调、需求对接和长期准备机制。具体表现为:在国防交通组织领导体制方面,坚持地方政府与军事机关的双重领导、合署办公;在交通基础设施建设方面,通过统筹规划和贯彻国防要求,增强国家交通的国防功能;在交通专业保障力量建设方面,主要依托国家和社会骨干交通运输企业,建立精干高效的交通专业保障队伍;在战时保障方面,根据需要建立集中统一的战时指挥机构,统筹交通运输资源,统一组织军民运输。

10 国防交通工作的领导体制是怎样的?

答:《国防法》第十二条规定:“国务院领导和管理国防建设事业,行使下列职权:……(五)领导和管理国民经济动员工作和人民武装动员、人民防空、国防交通等方面的有关工作;……”《国防动员法》第九条规定:“国务院、中央军事委员会共同领导全国的国防动员工作……”第十二条规定:“国家国防动员委员会在国务院、中央军事委员会的领导下负责组织、指导、协调全国的国防动员工作;按照规定的权限和程序议定的事项,由国务院和中央军事委员会的有关部门按照各自职责分工组织实施。军区国防动员委员会、县级以上地方各级国防动员委员会负责组织、指导、协调本区域的国防动员工作。”鉴于《国防法》《国防动员法》已对国务院、中央军委和县级以上地方人民政府领导国防交通工作作了规定,《国防交通法》不再重复规定。

11 国防交通主管机构指的是哪些部门?

答:国防交通主管机构是指由国务院、中央军委明确的负责规划、组织、指导和协调全国国防交通工作的国家交通战备办公室,由《国防交通法》规定的负责本行政区域国防交通工作的县级以上地方人民政府交通战备办公室,国务院交通、通信主管部门负责本行业国防交通工作的战备(动员)机构以及军队有关单位负责国防交通工作的机构。县级以上各级人民政府交通战备办公室,也是同级国防动员委员会负责国防交通工作的办事机构。

国家交通战备办公室的成员单位主要包括国家发展和改革委员会、工业和信息化部、公安部、民政部、财政部、住房和城乡建设部、交通运输部、国务院国有资产监督管理委员会、国家铁路局、中国民用航空局、国家邮政局、国内专用通信局及中央军委联合参谋部、中央军委后勤保障部、中央军委装备发展部等军地 18 个部门的有关司局。国家交通战备办公室的日常工作由中央军委后勤保障部运输投送局和军地有关部门承办。

县级以上地方人民政府国防交通主管机构分别设在发展改革、交通运输等部门。新疆生产建设兵团国防交通主管机构设在交通局。

12 负责有关国防交通工作的县级以上人民政府有关部门和有关军事机关分别指哪些部门？

答：县级以上人民政府有关部门是指县级以上人民政府发展改革、工业和信息化、民政、公安、财政、交通运输、自然资源、生态环境等与国防交通相关的行政管理部门，按照职责分工，负责相应的国防交通工作。

有关军事机关主要指军队各级运输投送机构和军事代表机构，以及与国防交通工作相关的团级以上部队的作战、训练、后勤、装备、国防动员、战略规划等部门，主要是按职责分工负责提出交通、通信基础设施建设、民用运载工具建造、部队机动和国防运输等方面的国防需求。

13 国防交通军民融合发展会商机制的主要任务是什么？

答：国防交通军民融合发展会商机制是由中央和省两级政府与军队有关部门共同建立的工作机制。其主要任务是：相互通报交通建设和国防需求情况；协商研究国防交通建设相关方针政策，提出意见建议；协调解决国防交通建设的重大问题。

14 公民和组织应履行哪些国防交通义务?

答:公民的国防交通义务主要包括:依法参加国防交通专业保障队伍,保护国防交通设施,承担战时交通抢修、防护和国防运输任务,保守国防交通秘密,接受国防交通教育,提供民用运载工具建造和使用管理信息,维护管理贯彻国防要求的设施和运载工具,接受依法征用民用交通资源等。

承担国防交通任务的国家机关、企业事业单位和其他社会团体等组织的国防交通义务主要包括:组织实施国防交通设施建设、国防运输、国防交通保障、国防交通资产管理、国防交通教育、国防交通专业保障队伍建设、民用交通资源征用等。

此外,《国防法》第五十一条至第五十三条分别规定了企业事业单位提供优先服务,公民和组织保护国防设施、保守国防方面的国家秘密、支持国防建设等义务。

15 国家鼓励公民和组织依法参与国防交通建设如何给予政策和经费支持?

答:国防交通工作的顺利开展,离不开广大公民和组织的积极参与。国家给予政策和经费支持,目的是调动公民和组织依法参与国防交通建设的积极性,保护公民和组织的合法权益,使公民和组织参与国防交通建设和保障,经济上不吃亏,政治上有荣誉。《国防交通法》“总则”中规定“国家鼓励公民和组织依法参与国防交通建设,并按照有关规定给予政策和经费支持”。具体事项在各章节中有相应规定。例如,针对交通工程设施建设,规定:“各级人民政府对国防交通工程设施建设项目和贯彻国防要求的交通工程设施建设项目,在土地使用、城乡规划、财政、税费等方面,按照国家有关规定给予政策支持。”针对民用运载工具,规定:“民用运载工具因贯彻国防要求增加的费用由国家承担……各级人民政府对贯彻国防要求的民用运载工具在服务采购、运营范围等方面,按照有关规定给予政策支持。”针对国防运输费用,规定:“公民和组织完成国防运输任务所发生的费用,由使用单位按照不低于市场价格的原则支付……”针对国防交通保障,规定:“各级人民政府对承担国防交通保障任务的企业和个人,按照有关规定给予政策支持。”……这些规定可以有效维护、保障公民和组织参与国防交通建设的权益。

16　“公民和组织”与“组织和个人”有何区别?

答:《国防交通法》中的“公民和组织”与“组织和个人”两个不同概念,主要是针对不同对象使用的:针对的对象是本国国民和组织时使用“公民和组织”;针对的对象包括外国人时使用“组织和个人”。

17 国防交通经费主要包括哪些?

答: 国防交通经费主要包括国防交通工程设施建设及维修管理费、交通工程设施建设贯彻国防要求补助费、民用运载工具贯彻国防要求补助费、国防交通教育训练与专业保障队伍建设费、国防交通物资储备及维护管理费、国防交通科学技术研究费、国防交通信息化建设及运行维护费、国防交通应急保障费、交通资源动员准备与征用补助费、国防交通工程设施建设监督监理费以及国防交通事业费等。

目前,列入中央预算的国防交通经费,包括由中央财政直接安排和基本建设渠道安排两类。其中,由中央财政直接安排的经费主要包括国防交通事业费、国防交通物资储备及维护管理费、民用运力国防动员费、国防交通科研费、国防交通信息化建设及运行维护费、国防交通训练费和专项补贴等;由基本建设渠道安排的经费主要包括交通工程设施建设的投资和部分国防交通工程设施维修管理费。

列入县级以上地方财政预算的国防交通经费由同级财政保障,主要包括国防交通工程设施建设配套经费、国防交通事业费和其他专项经费。相关经费科目和开支范围可参照中央财政有关规定执行。

18 国防交通经费有哪几种保障渠道？

答：中央和地方人民政府负担的国防交通经费，按照事权划分的原则，分别列入中央财政预算和地方财政预算。国防交通经费保障有三种渠道：一是中央财政全额拨款；二是中央财政和地方财政共同承担；三是地方财政全额承担。

19 企业事业单位开展国防交通日常工作的合理支出包括哪些？

答：企业事业单位开展国防交通日常工作的合理支出主要包括：根据国防交通工作任务进行的交通勘察、保障预案拟制与修订、教育训练、专业会议、办公设施设备的购置维护、宣传奖励、编印文件、差旅费、执行国防交通保障任务时的部分补助补贴等费用。企业事业单位开展国防交通日常工作的合理支出，列入本单位预算，主要解决经费的来源问题；计入成本是为了解决开支的合法性并减少企业税赋。

20 民用交通资源征用的范围包括哪些？征用需求由谁提出？实施主体是谁？

答：民用交通资源征用的范围，主要包括民用运载工具、交通设施设备、交通物资等，如民用汽车、船舶、航空器等运载工具及其配套设备，车站、机场、港口、码头、城市轨道交通、专用管道等基础设施，以及用于交通保障和国防运输的机械设备、抢修器材、建筑材料、油料等装备器材和物资。与被征用的民用运载工具、交通设施、交通物资密切相关的操作、管理和维护人员，也在征用范围之内，应当依法实施征用。

中国人民解放军现役和预备役部队、武装警察部队、民兵组织执行战时作战和平时非战争军事行动任务，地方政府执行战时支前、抢修重要交通设施、国民经济搬迁和人员疏散等任务，由有关军事机关和政府有关部门归口向人民政府国防交通主管机构提出对民用交通资源的征用需求，包括征用的资源类型、数量质量、使用空间和时间范围等。

民用交通资源征用的实施主体是县级以上人民政府。人民政府依据《国防交通法》、《国防动员法》和《民用运力国防动员条例》等规定的权限和程序实施征用。有关组织和个人应当予以配合，履行相关义务。

21 民用交通资源征用的经费补偿依照哪些法律法规执行？应当在哪些方面给予补偿？

答：民用交通资源征用的经费补偿依照《国防法》《国防动员法》《民用运力国防动员条例》《军人抚恤优待条例》《烈士褒扬条例》《民用运力国防动员补助补偿规定》《民用资源国防动员征用经费管理规定》等法律法规和规定执行。

对因征用民用交通资源产生的经济损失进行补偿的范

围主要包括:(1)民用运载工具及相关设备、交通抢修器材、油料等物资的灭失、损坏、折旧等。(2)被征用的民用交通资源及其操作人员的直接费用等。

征用期间发生人员伤亡的,按照国家有关优待抚恤规定办理。

22 哪些部门和行业要开展国防交通教育?

答:各级人民政府应当将国防交通教育纳入全民国防教育,通过多种形式开展国防交通宣传活动,普及国防交通知识,增强公民的国防交通观念。各级交通主管部门和相关企业事业单位应当对本系统、本单位的人员进行国防交通教育。设有交通相关专业的院校应当将国防交通知识纳入相关专业课程或者单独开设国防交通相关课程。设有交通相关专业的院校主要是指开设交通基础设施建设和运载工具建造、运输经营、交通管理等专业的大中专院校和职业技术学校,既包括交通专业院校,也包括设有交通专业的其他院校。

23 国防交通工作中的国家秘密和商业秘密包括哪些内容?

答:与国防交通工作相关的国家秘密主要包括:国防交通发展规划和建设计划;国防交通设施设备和物资储备的地

理位置、结构布局和技术性能；国防交通保障方案预案；国防交通潜力统计；国防交通专业保障队伍实力及分布；国防运输、交通保障活动和被保障部队的信息；涉及上述秘密的文件和载体等。国防交通工作涉及的商业秘密是指不为公众所熟悉、能为权利人带来经济利益，具有实用性并经权利人采取保密措施的技术信息和经营信息，如国防交通活动中涉及企业事业单位的发展战略、管理方法、产销策略、生产成本、生产能力、客户名单、货源情报等经营信息和工艺流程、关键技术、设计图纸等技术信息。这些商业秘密，关系到企业事业单位的经济利益，一旦泄露会给企业事业单位带来损失。国防交通活动中涉及的工程设施和运载工具的特殊设计、关键技术及招投标等信息，国防交通科学技术研究涉及的新技术、新材料、新工艺、新装备等信息，既涉及国家安全和利益，也涉及企业事业单位的商业秘密，必须实行双重的法律保护。

24 如何理解在国防交通工作中作出突出贡献?

答：突出贡献，是指在国防交通建设和保障活动中，做出了明显高于常人的、超越一般的成就，其行为发挥了示范性、带头性或关键性作用，可以作为正面榜样予以树立以激励他人，能够产生较大的社会影响。如在民用运力征用工作中，提供重要或者急需的民用运力，在保障军事行动中作用明显的；组织和开展民用运力征用活动，取得突出成绩的；坚决执行民用运力征用命令，克服困难，出色完成任务的；勇于同干扰和破坏民用运力征用的行为作斗争，避免重大损失的；在民用运载工具及相关设备贯彻国防要求或加装改造方面，有重大发明创造，军事或者经济效益显著的，等等。

25 国防交通信息化建设的主要内容是什么？

答：国防交通信息化建设，是指构建、完善国防交通信息化体系，推进国防交通信息化的一系列活动。加强国防交通信息化建设，主要包括三个方面的内容：一是以国家交通运输信息资源为基础，按照平战结合、军民融合的要求，在铁路、公路、水路、航空、邮政等行业领域信息化建设中满足国防交通保障需要。二是以指挥控制信息化为重点，按照保障需求实时可知、保障资源实时可视、保障活动实时可控的要求，在国防交通系统内部进行的信息化建设。三是以党政专网为依托，加强信息通道和平台建设。

26 如何理解平时特殊情况的概念？

答：平时特殊情况是指发生危及国家主权、统一、领土完整和安全的武装冲突以及其他突发性事件。武装冲突是敌对双方武装力量之间发生的小规模、低强度的交战。就国家之间的关系来说，武装冲突尚未构成战争状态。突发事件，是指突然发生的、对国家安全和社会秩序造成或可能造成严重危害的紧急事件，主要包括危害社会安全、自然灾害、事故灾难等方面的事件。

27 如何理解战时和平时特殊情况下采取的国防动员措施？

答：战时和平时特殊情况下，需要在交通领域采取行业管制、为武装力量优先提供交通保障等国防动员措施的，依照《国防法》《国防动员法》等有关法律执行。交通行业管制是指为应对战争或其他突发事件，将有关交通行业由平时状态转入战时状态或紧急状态，对其行业资源和交通运营进行强制性管理和控制。战时和平时特殊情况下，不确定因素多，情况瞬息万变，武装力量调动频繁，并具有方向集中、运量激增、时间紧迫和保密要求高等特点，交通保障资源能力与交通保障需求之间的矛盾十分突出，实行交通行业管制能够加强对交通资源的集中统一调度，合理分配和使用交通保障力量，发挥其国防交通的最大保障效能。

28 怎样理解对交通采取临时性管制措施？

答：临时性管制措施是指战区级以上单位批准的在军事

演习、训练活动的时间和空间范围内采取的交通调整、疏导和运输限制等措施。武装力量组织进行军事演习、训练，会产生一定的交通保障需求，并对正常的社会交通运输活动产生影响，这种需求和影响与军事演习、训练的规模呈正比。实施临时性交通管制涉及多方面的权益，会影响到正常的交通运输秩序和人民群众的正常活动，因此应尽量缩小管制范围，缩短管制时间。为满足武装力量平时军事演习、训练的交通保障需要，并尽量减少对社会生产生活的影响，《国防交通法》第十二条第二款明确规定："武装力量组织进行军事演习、训练，需要对交通采取临时性管制措施的，按照国务院、中央军事委员会的有关规定执行。"武装力量是指中国人民解放军现役部队、预备役部队、民兵组织、人民武装警察部队。

29 什么情况下应当建立国防交通联合指挥机构？

答：战时和平时特殊情况下，国家根据需要，设立国防交通联合指挥机构，统筹全国或者局部地区的交通运输资源，统一组织指挥全国或者局部地区的交通运输以及交通设施设备的抢修、抢建与防护。相关组织和个人应当服从统一指挥。

30 国防交通联合指挥机构的工作内容有哪些？

答：国防交通联合指挥机构成立后，其指挥工作的内容主要包括三部分。首先,下定保障决心,适时下达输送保障预先号令。要求参战的军地交通运输、交通管制、机动通信、军用饮食供应等保障单位迅速转入战时状态,按照批准的扩编方案,进行机构扩编、人员调整和装备物资补充。协助参战部队进行道路勘察,组织装/卸载地域勘察,整备运输工具,调集装卸设备和用具,做好部队输送和物资运输的一切准备。其次,根据保障决心编制修订各类输送计划和保障计划,提出民用交通资源征用需求。待国家颁布动员令或授权后,立即通过政府和国防交通系统组织实施。必要时,对铁路和民航系统实施区域管制。对动员征用的地方交通运输力量,立即组织战前训练,提高人员的保障技能和协同配合能力。最后,适时下达保障指示或命令,组织战略战役运输,加强运输全程控制,搞好各种运输方式的衔接,密切关注关键时段、关键环节、关键部位的交通运输情况,随时准备处置各种突发情况。在指挥方式和手段上,应采取统一指挥与分散指挥相结合、逐级指挥与越级指挥相结合、直接指挥与委托指挥相结合的方法,确保组织指挥高效顺畅、灵活应变。利用国家交通运输现代化调度指挥系统,对保障力量进行调用,对国防运输实施全程指挥控制;利用军队指挥网对军队各级运输投送机构实施指挥控制;利用专用的动态监控系统对运输部(分)队实施直接指挥;利用应急机动通信系统,沟通军地指挥通信联络。

第二章　国防交通规划

31 国防交通规划包括哪些？

答：国防交通规划是依据国家安全、军事战略以及战区作战等国防活动需要，结合国家和地方综合交通运输体系建设情况，由中央和地方人民政府对国防交通建设的内容、规模、政策和经费保障等所作的较长时间的计划与安排。其主要包括两个方面：一是需纳入国家相关规划的国防交通建设内容，主要包括军民融合相关指导思想、原则、政策和重大国防交通项目等；二是需单独编制的国防交通专项规划，主要包括国防交通工程设施建设规划、国防交通专业保障队伍建设规划、国防交通物资储备规划、国防交通科研规划等。

32 编制国防交通规划应当符合哪些要求？

答：一是满足国防需要，有利于平战快速转换，保障国防活动顺利进行；二是兼顾经济社会发展需要，突出重点，注重效益，促进资源融合共享；三是符合城乡规划和土地利用总体规划，与国家综合交通运输体系发展规划相协调；四是有利于加强边防、海防交通基础设施建设，在固国强边的同时，扶持沿边、沿海经济欠发达地区交通运输发展；五是保护环境，节约土地、能源等资源，促进国防交通建设良性、可持续发展。

33 如何理解县级以上人民政府应当将国防交通建设纳入国民经济和社会发展规划？

答：交通运输是军民融合发展的重要领域。将国防交通建设纳入国民经济和社会发展规划，同步发展，是落实重大交通基础设施和海洋、天空、信息等关键领域军民深度融合和资源共享的基础抓手，是国家综合交通运输体系发展的时代要求和国防交通长期实践经验的总结，既有利于节约资源、提高效率，又有利于提升国家交通的整体国防功能，增强战争保障实力。各级政府在编制国民经济和社会发展规划时，应当征求本级政府国防交通主管机构和有关军事机关的意见，将国防交通建设纳入上述规划。政府有关部门在制定交通运输综合发展规划、铁路中长期发展规划、公路和水路中长期发展规划、民用航空建设发展规划时，应当征求有关军事机关的意见，将国防交通建设纳入上述规划。通过上述方式实现国防交通建设纳入国民经济和社会发展规划。

34 如何理解国务院有关部门应当将有关国防要求纳入交通设施设备的技术标准和规范？有关国防要求如何提出？

答：把国防要求纳入行业技术标准和规范，既是交通工程设施和民用运载工具平战结合、军民融合的重要体现，也是落实国防要求的有效措施；既可解决设施设备的军民通用性、兼容性问题，也可减少重复建设和资源浪费，还是形成交通设施设备建设贯彻国防要求常态化机制、提高军事经济效益的有效途径。因此，根据《国防交通法》的规定，交通运输部、公安部、民政部、国家铁路局、中国民用航空局、国家邮政局等负责制定交通设施设备相关技术标准和规范的部门与单位，在制定、修订交通设施设备相关技术标准和规范时，均应将有关国防要求纳入其中，这是上述部门和单位的法律义务和责任。目前，除不少行业标准和规范已经纳入国防要求外，还专门制定了国家军用标准和规范，这些标准和规范也应当贯彻执行。

有关国防要求的提报实行归口管理，由国家国防交通主管机构征求军队有关部门的意见，经汇总研究后提出。如此规定，统一了需求提报渠道，可以防止多头提报，有利于统筹各方需求。

35 如何编制国防交通工程设施建设规划?

答:国防交通工程设施建设规划,由县级以上人民政府国防交通主管机构会同本级人民政府交通主管部门编制,经本级人民政府发展改革部门审核后,报本级人民政府批准。下级国防交通工程设施建设规划应当依据上一级国防交通工程设施建设规划编制。编制国防交通工程设施建设规划,应当征求有关军事机关和本级人民政府有关部门的意见。

36 县级以上人民政府有关部门编制综合交通运输体系发展规划和交通工程设施建设规划,应当征求哪些部门的意见?

答:县级以上人民政府有关部门编制综合交通运输体系发展规划和交通工程设施建设规划,应当征求本级人民政府国防交通主管机构的意见,并纳入国防交通工程设施建设的相关内容。本级人民政府国防交通主管机构应广泛征求有关军事机关的意见,科学合理地提出意见和建议。

37 如何编制国防交通专业保障队伍建设规划?

答:国防交通专业保障队伍是指在交通通信企业事业单位生产建制的基础上,抽组编成的主要担负战时和平时特殊情况下运输、抢修、防护和通信保障等任务的组织，是国防后备力量的组成部分，是遂行平战时国防运输和国防交通保障任务的骨干突击力量。国防交通专业保障队伍建设规划，由国家国防交通主管机构会同国务院有关部门和军队有关部门编制。这里的国务院有关部门主要是指交通通信主管部门。军队有关部门主要是指提出专业保障队伍建设需求的作战、运输投送、动员等主管部门。

38 如何编制国防交通物资储备规划？

答：中央储备是指由中央财政预算安排储备的国防交通物资，按照铁路、公路、水路、民航、邮政和通信行业，由交通通信主管部门组织有关企业事业单位代为储备和维护管理，主要用于全国范围内重要交通目标和大型国防交通活动的保障任务。中央储备规划由国家国防交通主管机构会同国务院交通通信主管部门和军队作战、后勤保障部门编制。地方储备是指由地方财政预算安排储备的国防交通物资，由本级政府交通通信主管部门负责储备管理，主要用于本地区重要交通目标和重要国防交通活动的保障任务。地方储备规划由省（区、市）人民政府国防交通主管机构会同本级政府交通主管通信部门编制。

39 如何编制国防交通科研规划？

答：国防交通科研规划，由国家国防交通主管机构会同财政部、工业和信息化部、交通运输部、科技部等国务院有关部门以及国家铁路局、中国民用航空局、国家邮政局和军兵种、联勤保障部队、武装警察部队的有关部门编制。

第三章　交通工程设施

40 国防交通工程设施和其他交通工程设施分别指的是什么？

答：国防交通工程设施是指国家为国防目的修建的交通基础设施以及国防交通专用的指挥、检修、装卸、仓储等工程设施。其他交通工程设施是指除上述国防交通工程设施以外的所有交通工程设施。

41 国防交通工程设施的建设依据是什么？

答：建设国防交通工程设施，应当以国防交通工程设施建设规划为依据，主要依托国家和地方交通基础设施建设规划和国防交通工程设施建设专项规划来实施。

42 交通工程设施建设贯彻国防要求的内容与举措有哪些?

答:交通工程设施建设贯彻国防要求,是指为满足国防需要,增强交通工程设施的国防功能,对新建、改建、扩建的铁路、公路、水路、航空、管道、邮政等基础设施所采取的工程技术措施和组织措施,是将国家交通能力转化为国防实力的重要途径。其中,工程技术措施主要包括:改善交通运输网络布局和结构,增加运输方式,提高运输能力;兼顾军事部署和国防工业生产需要,合理确定线路走向、经由和主要控制点;大型工程设施地理位置选址要符合安全、隐蔽和防护距离要求;提高基础设施能力标准,满足军队规模化、重型化输送要求;提高建筑物的抗毁能力,便于实施防护和修复;修建国防交通专用工程设施以及其他工程技术措施等。

43 如何组织国防交通工程设施建设?

答:国防交通工程设施应当按照基本建设程序、相关技术标准和规范以及国防要求进行设计、施工与竣工验收。相关人民政府国防交通主管机构组织军队有关部门参与项目的设计审定、竣工验收等工作。交通工程设施建设中为增加国防功能修建的项目应当与主体工程同步设计、同步建设、同步验收。

44 为什么需要军队有关部门参与国防交通工程设施建设项目的设计审定和竣工验收？

答：由于国防交通工程设施涉及军兵种的诸多军事需求，故其设计审定、施工监理和竣工验收关联着众多军队单位。例如，公路飞机跑道建设涉及空军的适用机型、起降条件、空勤保障等战术技术要求；码头设施建设除涉及各军种部队输送对象进出码头通道等保障要求外，还涉及海军舰艇和陆空军船艇部队的靠泊船型、通航条件、岸基保障等战术技术要求。因此，需要军队有关部门参与国防交通工程设施建设项目的设计审定和竣工验收。

45 为增强交通工程设施建设国防功能而修建的项目有哪些？

答：为增强交通基础设施国防功能而修建的项目，既有相对独立的有形的项目，如国防交通专用工程设施；也有与主体工程融为一体的无形的项目，如对基础设施能力和标准、线路走向、线型以及桥隧建筑物选址、结构、承载力、截面尺寸等方面的要求。这些项目，既可能是主体工程不可分割的组成部分，也可能是相对独立的国防交通工程设施。常见的主要有高速公路中建设的飞机跑道、港口建设中的斜坡码头、铁路车站建设中的顶端站台、军供站、备品库等。这些项目应当与主体工程同步设计、同步建设、同步验收。

46 国防交通工程设施可以为经济社会活动提供哪些便利?

答:《国防交通法》第 22 条规定:“国防交通工程设施在满足国防活动需要的前提下,应当为经济社会活动提供便利。”这与其立法指导思想高度一致,既是贯彻军民融合发展战略、推动军地资源优化配置、促进经济建设和国防建设协调发展的有力措施,也是对新形势下国防交通工程设施为经济社会服务提出的明确要求。根据平战结合原则,除少数保密工程设施外,国边防公路、战备渡口和码头、军民合用机场、军用站台和线路等,都能够为国民经济建设和社会发展服务。实际上,目前这些国防交通工程设施平时也都在为民用运输服务。

47 国防交通工程设施管理单位有哪些管理职责?

答:国防交通工程设施管理单位,是指国防交通工程设施所属人民政府交通、通信、民政等主管部门以及相关企业事业单位,主要负责国防交通工程设施的日常检查、维护、管理和报废等,保持其国防功能。县级以上人民政府应当加强对国防交通工程设施维护管理工作的监督检查。

48 国防交通工程设施需要改变用途或者作报废处理的,应如何办理?

答:国防交通工程设施需要改变用途或者作报废处理的,必须由国防交通工程设施管理单位逐级上报国家国防交通主管机构或授权的国防交通主管机构审批。凡中央投资的重大项目,由国家国防交通主管机构负责审批;其他项目,由授权的国防交通主管机构负责审批。这项审批属于行政审批。

49 如何理解国防交通工程设施的禁止性规定?

答:保持国防交通工程设施良好的技术状态和安全,是实现其国防功能的重要前提。《国防交通法》第 24 条规定:"任何组织和个人进行生产和其他活动,不得影响国防交通工程设施的正常使用,不得危及国防交通工程设施的安全。"下列行为,可能影响国防交通工程设施的正常使用:擅自占用战备码头、渡口、地下指挥工程、物资储备仓库、军用饮食供应站等国防交通工程设施及其进出道路;擅自挤占设施场地及其相关水域、空域,影响国防交通活动或设施功能的发挥;私自出租、挪用国防交通工程设施场地,工程建筑物,港口起吊、指挥工程的通信与发电照明等配套设备;其他影响国防交通工程设施国防功能的生产和经营活动。危及国防交通工程设施安全的行为，主要包括在国防交通工程设施附近进行的采矿、取土、挖沙、爆破、焚烧、架设、堆放、修建水利设施等行为。

50 如何了解交通工程设施建设项目情况？

答：交通工程设施建设项目的立项、设计、施工等情况，由县级以上人民政府国防交通主管机构向本级人民政府交通主管部门以及相关企业事业单位了解。有关人民政府交通主管部门以及相关企业事业单位应当予以配合。

51 如何提出交通工程设施贯彻国防要求的具体项目？

答：县级以上人民政府国防交通主管机构应当及时向有关军事机关通报交通工程设施的立项、设计、施工等情况，征求其贯彻国防要求的意见。有关军事机关应当根据部队的任务、装备、驻地进出道路和预设战场等情况，归口提出军事需求。国防交通主管机构汇总各单位意见后，向政府有关主管部门提出需要贯彻国防要求的具体项目。

52 对需要贯彻国防要求的交通工程设施建设项目的具体事宜如何协商?

答:对需要贯彻国防要求的交通工程设施建设项目,由有关人民政府国防交通主管机构会同本级人民政府发展改革部门、财政部门、交通主管部门和有关军事机关,按照职责分工与建设单位协商确定贯彻国防要求的具体事宜。主要包括是否贯彻国防要求、贯彻的内容和建设标准、所需经费及其来源、补助补偿标准、中央和地方财政分担比例以及项目设计审查、竣工验收、维护管理等事宜。

53 因贯彻国防要求增加的费用如何保障?

答:交通工程设施新建、改建、扩建项目因贯彻国防要求增加的费用由国家承担。按照项目具体情况和经费补助标准,分别由中央和地方政府财政支出。

54 国家在国防交通工程设施建设方面有哪些政策支持?

答:国防交通工程设施建设项目和贯彻国防要求的交通工程设施项目,在以下方面给予政策支持:在土地使用方面,对项目建设用地指标的规划、审批和使用管理等给予政策支持。例如,在《全国土地利用总体规划纲要(2006—2020

年)》中设立国防交通建设用地科目,对国防交通基础设施建设用地给予重点保障。在城乡规划方面,根据国防交通工程设施和贯彻国防要求项目需要,优先纳入城乡发展规划;充分挖掘工程设施军民两利功能,优化空间布局;确保工程设施公共安全。在财政方面,把国防交通工程设施和贯彻国防要求项目建设所需资金纳入中央或地方财政预算,及时划拨,优先保障。在税费方面,国家对符合军事装备进口免税政策规定的国防交通专用设备进口,免征进口税;对交通运输企业从事国防交通建设或贯彻国防要求项目涉及的收入,免征印花税;对直接用于国防交通科学实验和研究的仪器、设备销售,免征增值税;对符合国防工程和社会公益性建设项目有关规定的,享受相应的优惠政策。在项目审批方面,给予简化审批手续和降低审批层次等方面的支持。例如,国家将部分全额投资的国防交通建设项目的国土预审、环境影响评价报告下放到省级自然资源、生态环境等部门办理。

第四章　民用运载工具

55 民用运载工具贯彻国防要求包括哪些内容？

答：民用运载工具贯彻国防要求，应当在结构设计、性能设计、强度设计和制造工艺标准等方面考虑军事用途，提高其军事适用性。例如，民用运载工具的设计、制造要适应运送人员和装备以及物资补给的要求、预留加装武器装备位置和条件的要求、为改变用途而方便改造的要求、提高某些部位结构强度的要求以及部分战术技术性能指标的要求等。

56 如何确定需要贯彻国防要求的民用运载工具的类别和范围？

答：需要贯彻国防要求的民用运载工具的类别和范围，由国家国防交通主管机构根据国防需要，会同国务院有关部门和军队有关部门确定，并及时向社会公布。这里的“国务院有关部门”，主要是指国家发展和改革、财政、交通运输、工业和信息化等部门；“军队有关部门”，主要是指军委作战指挥、后勤保障、装备发展、国防动员等部门以及陆军、海军、空军、火箭军、战略支援部队、联勤保障部队、武装警察部队等军兵种有关机关。

民用运载工具种类繁多、数量庞大，但需要贯彻国防要求的可能只是其中比较有限的一部分。确定需要贯彻国防要求的民用运载工具的类别和范围时主要考虑以下因素：一是日常国防运输使用频度较高或使用量较大，并且在使用过程中存在军用受限问题的民用运载工具，应当列入确定类别和范围，以便在后续建造过程中通过贯彻国防要求解决该问题，提高其军事适用性。二是虽然国防运输日常使用频度不高，但潜在军事使用价值较高且动员难度较大的民用运载工具，应当列入确定类别和范围。三是根据作战和装备部门要求，对需要改变民用运载工具用途，如使之成为武器平台或作其他用途的，可列入确定类别和范围，通过贯彻国防要求完成部分基础性工程或预留加装改造条件。四是针对军兵种特殊要求，需要列入确定类别和范围的民用运载工具。

57 国家对建造、购置、经营适合国防需求的民用运载工具有何激励政策？

答：国家鼓励公民和组织建造、购置、经营适合国防需求的民用运载工具及其相关设备。对确定类别和范围内的民用运载工具,国家将出台具体鼓励政策。比如,在型号许可、设计审核等方面提供便利和支持,在建造、运营、日常维护等方面提供补贴或减免税费规费,等等。

58 如何了解民用运载工具相关情况?

答:县级以上人民政府国防交通主管机构应当向民用运载工具登记管理部门和建造、购置人了解需要贯彻国防要求的民用运载工具的建造、购置、使用等情况,有关公民和组织应当予以配合。民用运载工具登记管理部门主要指:中国铁路总公司和铁路局集团公司的车辆管理、统计等部门;公安交警部门设置的车辆登记、检验等机构;县级以上人民政府交通主管部门设置的运营管理、资质审核等机构;县级以上人民政府交通主管部门设置的公路运营管理和车辆登记部门、船舶统计部门、民用航空器适航审定机构,等等。建造、购置人主要指铁路、公路、水路、航空运输企业法人。

59 提出民用运载工具贯彻国防要求的具体项目的程序是什么?

答:县级以上人民政府国防交通主管机构应当及时将掌握的民用运载工具基本情况通报有关军事机关,并征求其贯彻国防要求的意见,汇总后提出需要贯彻国防要求的民用运载工具的具体项目。其中,“有关军事机关”是指,与该民用运载工具使用相关的中央军委的作战指挥、后勤保障、装备发展等部门,陆军、海军、空军、火箭军、战略支援部队、联勤保障部队、武装警察部队以及军事代表机构等。贯彻国防要求的意见,主要包括用于运送军队人员和武器装备、油料弹药等军用危险品的特殊使用要求;用于遂行侦察预警、预留武器装备平台等作战任务的特殊使用要求以及数量规模要求等。

60 民用运载工具贯彻国防要求的具体事宜如何协商?

答:对需要贯彻国防要求的民用运载工具的具体项目,由县级以上人民政府国防交通主管机构会同本级人民政府财政部门、交通主管部门和有关军事机关,与有关公民和组织协商确定贯彻国防要求的具体事宜,并签订相关协议。需要贯彻国防要求的具体项目,是指经过政府、军队、企业、公民协商确定的贯彻国防要求的内容和标准;具体事宜,主要包括贯彻国防要求质量标准、补助资金额度及来源、设计审定和竣工验收、运营和维修养护、报废、产权和使用权转让、参与国防活动的方式和要求等。具体项目和具体事宜可以一并协商确定,但前者的协商主体是政府和军队,军队是需求方,政府是出资落实方,企业是执行方,只有在政府和军队协商一致的前提下,企业或民用运载工具拥有者才能执行。

61 民用运载工具因贯彻国防要求增加的费用由谁承担?

答:民用运载工具因贯彻国防要求增加的费用由国家承担,有关部门应当对民用运载工具贯彻国防要求的实施予以支持和保障。因贯彻国防要求增加的费用,主要由两部分构成:一是建造过程中贯彻国防要求发生的直接费用,包括科研费、成本费、税金和利润,此部分费用按照"谁立项,谁支出"的原则,由中央或地方财政承担。科研费包括论证、试验、验收、标准和规范制订等费用;成本费包括特殊设计、审查费,施工、安装、监理、监造、检验费,增加的材料、设备购置费(含进口设备的关税),性能升级差价,人工费,水电和设备损耗费等费用;税金是指实际由民用运载工具所有权人或管理人负担的税额;利润是指企业生产贯彻国防要求产品应得的收入(可参照军品定价规则确定)。二是民用运载工具因贯彻国防要求增加的运营成本,如因提高航速而增加燃油消耗,因提高强度或加装国防设施设备而降低有效承载,因加装特殊设施设备而发生维护、管理费用等,此部分费用目前全部由企业承担。

62 国家对贯彻国防要求的民用运载工具给予哪些政策支持?

答:各级人民政府对贯彻国防要求的民用运载工具在服务采购、运营范围等方面,按照有关规定给予政策支持。例如,对贯彻国防要求的民用运载工具在市场准入、运营范围等方面给予便利和支持,国防运输优先使用贯彻国防要求的民用运载工具,列入政府采购范围;贯彻国防要求的船舶经批准可以在规定航线外运营;贯彻国防要求项目设计的补助收入,可参照《关于部分国家储备商品有关税收政策的通知》规定,对资金账簿和签订的合同免征印花税;对贯彻国防要求的民用运载工具所需进口设备免征关税等。

63 贯彻国防要求的民用运载工具由谁维护和管理?

答:贯彻国防要求的民用运载工具所有权人、承租人、经营人负责民用运载工具的维护和管理,保障其使用效能。属于委托或租赁给他人经营的,所有权人应当通过合同、委托书等形式,明确承租人或经营人的维护和管理职责;按照规定或约定,向国防交通主管机构报告运载工具国防功能情况、委托经营和经营范围变更情况,提出民用运载工具报废申请等。

第五章 国防运输

64 国防运输主要包括哪几个方面?

答:国防运输,是指政府和军队为国防目的运用军民交通运输资源,运送人员、装备、物资的活动。在实际工作中,因使用交通运输资源军民属性不同或因运输任务的性质不同,其责任主体大体分为三种情况:一是军队归口办理的、利用民用运力组织的运输,包括军事行动和国防科研、国防施工、装备订购、物资补给、军事援助等。该类运输在长期实践中,已经形成了完整的组织管理办法和规章制度,铁路、水路、航空运输计划,由军队规定的计划提报单位归口提报,按照计划管理权限进行审批,汇总后纳入国家运输计划,由政府交通主管部门和军队运输投送机构按渠道逐级下达至有关单位执行。公路运输一般由军队团以上单位归口安排,直接与承运单位联系办理,需要动用战略投送支援车队的,逐级上报。二是军队运用自身资源组织的运输,如运用军队铁路自备车辆、汽车运输部(分)队、船艇运输部(分)队、运输航空兵等运力，使用铁路军事专用线、军港码头、军用机场等设施，组织军队人员和装备物资的运输，由军队自行组织，按照军队有关规定执行。三是政府组织的国防运输，如保障作战的支前运输，战时城市疏散和重要机构、单位的搬迁运输，涉及国家安全的有关运输等。该类运输计划通常由县级以上人民政府有关部门提出，由交通主管部门审批并下达有关单位执行。

65 组织国防运输应遵循哪些原则？

答：县级以上人民政府交通主管部门会同军队有关交通运输部门按照统一计划、集中指挥、迅速准确、安全保密的原则，组织国防运输。

国防运输是国家行为，事关国家安全，承担国防运输任务的公民和组织应当优先安排国防运输任务。

66 如何组织建设战略投送支援力量？

答：国家以大中型运输企业为主要依托，组织建设战略投送支援力量，增强战略投送能力，为快速组织远距离、大规模国防运输提供有效支持。承担战略投送支援任务的企业负责编组人员和装备，根据有关规定制定实施预案，进行必要的训练、演练，提高执行战略投送任务的能力。

组织建设战略投送支援队伍,由企业按国家下达的计划和要求完成建设任务。承担组织建设战略投送支援队伍任务的运输企业,通常在企业原有生产建制的基础上,抽组力量,编成大队,明确组织指挥关系并基本按企业内部组织领导关系进行管理。确需在多个运输企业进行抽组或者对个人进行抽组的,由国家国防交通主管机构指定牵头企业负责组建,同时告知所有预定抽组对象。

67 国防运输供应、装卸等保障设施包括哪些?

答:各级人民政府和军事机关应当加强国防运输供应、装卸等保障设施建设。主要包括军用饮食供应站、军用备品仓库、军用站台和码头、军用物资装/卸线、军用列车到/发线、军用装/卸载地域及其进/出通道等。属于由军队建设的,按照军队有关规定办理;属于由各级人民政府建设的,按照国防交通工程设施或交通建设贯彻国防要求的程序建设。

68 地方政府和相关单位应为国防运输提供哪些保障?

答:县级以上地方人民政府和相关企业事业单位,应当根据国防运输的需要提供饮食饮水供应、装卸作业、医疗救护、通行与休整、安全警卫等方面的必要的服务或者保障。其中,通行保障主要是指道路拓宽与清障、高速公路开辟专用通道、交通调整与管制、桥梁和隧道及易毁损路段监测、垭口和卡脖子路段疏解等；休整保障主要是指为执行国防运输任务的车队、船队、机队等运载工具和操作人员及被输送人员，提供运载工具维修、加油加水、技术检查、物资补充以及临时休息和训练场地等保障；安全警卫主要是指对沿途和周边可疑人员的排查与防范，对车站、桥梁、隧道等重要交通节点的防范与警戒，对国防运输休整、饮食饮水地段和场地的安全布控，对国防尖端保密产品和重要保密物资的警戒等。

69 海外军事行动交通运输保障有何规定?

答:国家驻外机构和我国从事国际运输业务的企业及其境外机构，应当为我国实施国际救援、海上护航和维护国家海外利益的军事行动的船舶、飞机、车辆和人员的补给、休整提供协助。国家有关部门应当对上述机构和企业为海外军事行动提供协助所需的人员和运输工具、货物等的出境入境提供相关便利。

70 国防运输费用如何支付?

答:公民和组织完成国防运输任务所发生的费用，由使用单位按照不低于市场价格的原则支付。具体办法由国务院财政部门、交通主管部门和中央军委后勤保障部规定。国防运输费用支付分为“后付”和“现付”两种方式。“后付”，是在完成国防运输任务后，由军队运输投送机构统一组织与承运单位结算并支付，与被运或托运单位无关，只与国防运输计划审批机关有关；“现付”，由被运或托运单位在装载作业完毕后向承运单位支付。大多国防运输属于后付范畴，特别是与军队、军事密切相关的运输。由于国防运输的后付办法相对稳定，而运输市场价格变化较快，因此，需要根据运输市场的变化情况适时调整国防运输的付费办法。

71 《国防交通法》对军事代表制度是如何规定的？

答：军队根据需要，可以在相关交通企业或者交通企业较为集中的地区派驻军事代表，会同有关单位共同完成国防运输和交通保障任务。军事代表驻在单位和驻在地人民政府有关部门，应当为军事代表开展工作提供便利。军事代表的派驻和工作职责，按照国务院、中央军委的有关规定执行。目前，军事代表的派驻和工作职责按照《中国人民解放军驻铁路、水路沿线交通部门军事代表条例》及其配套的规章制度执行。

第六章　国防交通保障

72 什么是国防交通保障?

答:国防交通保障,是指为保证交通线稳定、畅通,有效实施部队机动和人员、物资运输所采取的措施和活动的统称。其主要任务是交通网组织运用,交通管理控制,交通防卫防护,交通抢修、抢建等。

73 国防交通保障方案主要包括哪些内容?

答:国防交通保障方案,是为保证战时和平时特殊情况下交通稳定、畅通而作出的预先安排,是作战保障方案的组成部分,是平时进行国防交通保障准备、战时和平时特殊情况下组织实施交通保障的重要依据。国防交通保障方案按任务类型通常划分为战时保障方案和应急保障方案;按范围通常划分为全国保障方案、战区或战役方向方案、省级及以下区域性保障方案;按专业通常划分为铁路、公路、水路、航空、邮政和应急通信等保障方案。编制上述方案的主体是各级国防交通主管机构。

国防交通保障方案的主要内容包括：重点交通目标、重点线路以及保障原则、任务、技术措施和组织措施。其中，重点交通目标是指具有重要政治、军事、经济意义和对交通起控制作用的固定交通设施，是战时交通保障的重点对象，通常包括交通、通信枢纽和重要港口、机场、车站、桥梁、隧道、隘口等。重点线路是战时和平时特殊情况下必须确保通畅的线路。技术措施是指交通设施的防护和抢修、抢建，人员物资抢运，交通线遮断，交通保障物资器材筹措以及后勤保障等技术手段与方法。组织措施包括指挥机构构建、保障任务区分及力量部署、交通网络及设施运用、组织指挥措施及程序等。

74 如何组织交通工程设施抢修、抢建和运载工具抢修？

答：国务院有关部门和县级以上地方人民政府按照职责分工，组织有关企业事业单位实施交通工程设施抢修、抢建和运载工具抢修，保障国防活动顺利进行。有关军事机关应当给予支持和协助。

交通工程设施抢修、抢建和运载工具抢修的组织主体是国务院有关部门和县级以上地方人民政府。在国家层面上，交通运输部、工业和信息化部是交通、通信工程设施抢修、抢建和运载工具抢修的组织主体，同时与此密切相关的国家铁路局、中国民用航空局、国家邮政局等机构也担负相应的组织工作。交通运输部及中国民用航空局、国家邮政局负责全国公路、水路、航空和邮政工程设施抢修、抢建工作的总体指导和全面协调；交通运输部及国家铁路局、中国铁路总公司负责全国铁路工程设施抢修、抢建工作的总体指导和全面协调；工业和信息化部负责全国通信设施抢修、抢建工作的总体指导和全面协调。交通运输部及国家铁路局、中国民用航空局、国家邮政局、工业和信息化部以及中国铁路总公司等，根据行业管理渠道，加强协调配合，共同负责组织运载工具特别是大型运载工具的抢修。在地方政府层面上，县级以上地方人民政府按照管理权限负责本区域内的交通设施抢修、抢建和运载工具抢修，同时负责配合国务院有关部门和交通主管部门完成相关抢修、抢建任务。

75 重点交通目标保障方案指的是什么？其由谁编制？

答：重点交通目标保障方案，是指为保障战时和平时特殊情况下重点交通目标安全畅通而预先制定的保障措施和技术方案，是国防交通保障方案的重要组成部分。主要内容有：目标概况，遭敌打击设想与保障任务预计，组织指挥关系与保障力量构成及任务区分，抢修、抢建工程技术方案和预设计，防护手段与措施，迂回倒运方案以及与重点交通目标保障密切相关的其他措施。

根据国家国防交通主管机构的统一部署，在国务院交通主管部门指导下，重点交通目标保障方案的编制，由国务院、中央军委指定的区域性国防交通主管机构和省、自治区、直辖市国防交通主管机构统一组织，由重点交通目标的管理单位牵头，与承担保障任务单位共同编制。其中，一、二级目标，由国务院、中央军委指定的区域性国防交通主管机构统一组织；三级目标，由省、自治区、直辖市国防交通主管机构统一组织。

76 如何按照重点交通目标保障方案组织交通保障？

答：重点交通目标的管理单位和预定承担保障任务的单位，在重点交通目标受到破坏威胁时，应当立即启动保障预案，做好相应准备，修订重点交通目标保障预案，组织保障器材的技术检查、补充和调用，收拢保障队伍等。在重点交通目标遭受破坏时，应当按照任务分工，迅速组织实施工程加固和抢修、抢建，尽快恢复交通。

重点交通目标的管理单位通常是指重点交通目标的管理、运营或使用单位。预定承担保障任务的单位，主要是指国务院和省级人民政府交通主管部门指定的铁路、公路、港航等交通工程设施施工单位和设计单位，通常在编制重点交通目标保障预案时明确。

77 未列入重点交通目标的交通工程设施遭到破坏时如何实施抢修、抢建?

答:战时,除重点交通目标之外,其他交通工程设施也有可能遭到打击破坏。为集中利用抢修资源,与国防运输有关的其他交通工程设施遭到打击破坏后,交通工程设施的管理单位应及时将设施破坏情况按照管理关系向上级报告,同时立足自身,区分轻重缓急,迅速组织修复。

管理单位的上级是指具有隶属关系的行业主管部门。属于中央企业的交通工程设施运营管理单位,逐级上报至国务院交通主管部门;其他企业事业单位按属地管理关系,逐级上报至省级人民政府交通主管部门。是否与国防运输有关,主要依据作战保障重点、国防运输任务安排情况和上级指示要求加以判断。

78 预定抢建重要国防交通工程设施的土地如何管理?

答:预定抢建重要国防交通工程设施的土地,是指根据战时和平时特殊情况下抢修、抢建交通迂回线、联络线、便桥、临时码头等需要,预先确定并预留的土地。县级以上人民政府国防交通主管机构会同本级人民政府自然资源、城乡规划等主管部门确定预定抢建重要国防交通工程设施的土地,作为国防交通控制范围,纳入土地利用总体规划和城乡规划。未经县级以上人民政府自然资源主管部门、城乡规划主管部门和国防交通主管机构批准，任何组织和个人不得占用作为国防交通控制范围的土地。

79 重点交通目标的对空、对海防御和地面防卫如何组织实施？

答：重点交通目标的对空、对海防御，由军队有关部门纳入对空、对海防御计划，统一组织实施。

重点交通目标的地面防卫，由其所在地县级以上人民政府和有关军事机关共同组织实施。

80 重点交通目标的工程技术防护如何组织？

答：重点交通目标的工程技术防护，由其所在地县级以上人民政府交通主管部门会同本级人民政府国防交通主管机构、人民防空主管部门，组织指导其管理单位和保障单位实施。其工程技术防护力量，主要由交通企业事业单位组成。

81 什么是交通管理措施和安全防护措施？

答：交通管理措施，主要是指为保证国防交通顺畅需要，采取交通引导与疏导、优先放行与限制通行、设置临时性停泊和集结专用区域等方式，合理限制和科学组织交通的措施。

安全防护措施，主要是指为保证部队机动和保密物资、危险品运输的安全，所采取的警戒、人员疏散、指定运输线路和人员隔离等措施。实施交通管理和安全防护措施是各级人民政府组织国防交通保障的重要内容。

82 采取交通管理措施和安全防护措施的主要内容有哪些？

答：对于重大军事行动等的交通管理措施，铁路方面主要包括调整运行图、采取特殊交路、实施避让、压缩技术作业时间等措施；道路方面主要包括实施交通管制、开通专用通道、按要求划定和清理部队休整区、交通事故快速处理等措施；水路方面主要包括采取限航、禁航、腾空泊位等措施；航空方面主要包括在机场划定部队集结区域、开辟专用绿色通道、实施优先放行和空中交通管制等措施。

对于易燃易爆和核辐射等危险品的运输，主要依据军地有关法律法规文件，按照与有关部门共同确定的时间、路线、速度行驶，悬挂警示标志，控制行人距离等，必要时采取人员疏散、远离居民区、周边管制等特殊措施。对于国防科研生产试验和保密物资运输的交通管理，应严格按照运输警卫等级规定的措施组织，严格掌握装载、运行、卸载的全过程。

83 国防交通专业保障队伍训练演练的责任主体有哪些?

答:按照"谁组建、谁负责、谁训练"的原则,国家国防交通主管机构和国务院交通、通信主管部门国防交通主管机构,负责中央企业的国防交通专业保障队伍的训练、演练;地方人民政府国防交通主管机构和本级政府交通、通信主管部门,负责本辖区、本部门管理的国防交通专业保障队伍的训练、演练;有关军事机关以及军事代表机构依据有关法规和国防交通保障需求,对国防交通专业保障队伍的训练、演练活动给予协助和指导;国防交通主管机构依据上级业务主管部门和同级政府的安排,负责训练、演练的规划计划、沟通协调、对下指导和监督落实。

84 国防交通专业保障队伍训练人员的福利待遇如何解决?

答:参加训练、演练的国防交通专业保障队伍人员的生活福利待遇,参照民兵参加军事训练的有关规定执行。有关规定主要是指《民兵工作条例》。该条例第二十四条第一款、第二款规定:"农村的民兵和民兵干部在参加军事训练期间,由当地人民政府采取平衡负担的办法,按照当地同等劳力的收入水平给予误工补贴。企业事业单位的民兵和民兵干部在参加军事训练期间，由原单位照发工资和奖金，原有的福利待遇不变；其伙食补助和往返差旅费由原单位按照国家规定在有关项目中开支。”参加国防交通专业保障队伍训练的企业职工和干部，在训练期间的福利待遇、伙食补助和往返差旅费，由企业承担，也可以从上级拨付的训练专项经费中开支。

85 国防交通专业保障队伍执行任务由谁调配？

答：国防交通专业保障队伍执行国防交通工程设施抢修、抢建、防护和民用运载工具抢修以及人员物资抢运等任务，由县级以上人民政府国防交通主管机构会同本级人民政府交通主管部门统一调配。

通常情况下，战略投送支援队伍和中央企业组建的交通工程抢修队伍，由国家国防交通主管机构会同国务院交通主管部门统一调配；国务院、中央军委指定的区域性国防交通主管机构或省级国防交通主管机构，需要动用本区域内的战略投送支援队伍和中央企业组建的交通工程抢修队伍时，需向国家国防交通主管机构申请，由国家国防交通主管机构会同国务院交通主管部门调配。依托属地企业组建的交通专业保障队伍，在本行政区域内使用时，由本级国防交通主管机构会同本级交通主管部门调配；跨行政区域使用时，由上级国防交通主管机构统一调配。

86 国防交通专业保障队伍的车辆、船舶和其他机动设备执行任务时是否可以优先通行?

答:国防交通专业保障队伍的车辆、船舶和其他机动设备,执行任务时按照国家国防交通主管机构的规定设置统一标志,可以优先通行。

第七章　国防交通物资储备

87 什么是国防交通物资储备？

答：国防交通物资储备是指为满足战时和平时特殊情况下交通保障需要而储备的应急抢运、抢修、抢建、防护的专用物资，包括各种专业设备、器材、工具等，是国家特种储备的重要组成部分，分为中央储备和地方储备两类。目前，各省、自治区、直辖市、相关中央企业储备的专用物资，覆盖铁路、公路、水路、航空、通信等行业，包括交通抢修、运输保障、应急通信等多类器材。

88 建立国防交通物资储备制度的目的是什么？

答：国防交通物资储备，是实施交通保障的重要物质基础，属国家特种储备。为应对战时敌对我交通线的打击破坏以及重大自然灾害对交通运输的损坏，必须在平时有计划地储备一定数量的技术性能优良的国防交通物资，并切实加强对其的使用管理。

建立国防交通物资储备制度,旨在通过制定一系列规程和准则,规范物资储备的职责分工、规划计划、订购、储存保管、使用、报废处理等管理行为。

89 国防交通物资储备应遵循和符合哪些原则与标准?

答:国防交通物资储备应当布局合理、规模适度,储备的物资应当符合国家规定的质量标准。

90 国防交通储备物资的品种由谁规定?

答:国防交通储备物资的品种由国家国防交通主管机构会同国务院有关部门和军队有关部门规定。以上机构和部门按照国防交通保障任务需要,依据形势和任务要求以及保障物资器材的技术性能、筹措难易程度等因素对国防交通储备物资的品种进行调整,由国家国防交通主管机构定期公布《国防交通储备物资目录》。

91 如何确定国防交通储备物资储存管理单位?

答:国防交通储备物资储存管理单位是指承担国防交通储备物资入库验收、储存保管、维修保养、登记统计和保管人员业务培训的保管的单位,由国务院交通主管部门和省、自治区、直辖市人民政府国防交通主管机构，按照有关规定确定。其中，国务院交通主管部门委托中央企业事业单位储备的，由国务院交通主管部门确定；授权省级人民政府交通主管部门代储的，由国务院交通主管部门会同战区和省级人民政府国防交通主管机构，根据物资储备布局需要，选择本系统条件较好的交通运输企业事业单位、国家物资储备主管部门所属仓库、具备物资储存条件的储备物资生产企业，通过与其签订委托保管协议，授权其为国防交通储备物资储存管理单位。

92 对国防交通储备物资储存管理单位有哪些要求？

答：国防交通储备物资储存管理单位应当建立健全管理制度，按照《国防交通物资储备管理规定》的要求和标准，对储备物资进行保管、维护和更新，保证储备物资的使用效能和安全，不得挪用、损坏和丢失储备物资。管理制度主要包括仓库值班、安全防范、储备物资出/入库、日常管理、维修保养等制度。

93 国防交通储备物资调用的条件是什么？

答：战时和平时特殊情况下执行交通防护和抢修、抢建任务，或者组织重大军事演习，抢险救灾以及国防交通专业保障队伍训练、演练等需要的，可以调用国防交通储备物资。

94 调用国防交通储备物资由谁批准?

答：调用中央储备的国防交通物资，由国家国防交通主管机构批准；调用地方储备的国防交通物资，由省、自治区、直辖市人民政府国防交通主管机构批准。国防交通储备物资储存管理单位，应当严格执行储备物资调用指令，不得拒绝或者拖延。未经批准，任何组织和个人不得动用国防交通储备物资。

95 国防交通储备物资需要改变用途或者作报废处理时如何办理?

答：国防交通储备物资因产品技术升级、更新换代或者主要技术性能低于使用维护要求，丧失储备价值的，可以改变用途或者作报废处理。中央储备的国防交通物资需要改变用途或者作报废处理的，由国家国防交通主管机构组织技术鉴定并审核后，报国务院财政部门审批。地方储备的国防交通物资需要改变用途或者作报废处理的，由省、自治区、直辖市人民政府国防交通主管机构组织技术鉴定并审核后，报本级人民政府财政部门审批。中央和地方储备的国防交通物资改变用途或者报废获得的收益，应当上缴本级国库，纳入财政预算管理。这里的收益,是指国防交通储备物资改变用途或报废的收入,扣除改变用途或报废过程中所发生的管理、专家鉴定、招标、运输、拆解、技术处理、税金等费用后的剩余部分。

第八章　法 律 责 任

96 对哪些国防交通违法行为给予处分、没收违法所得并处罚款和赔偿？

答：违反《国防交通法》规定，有下列行为之一的，由县级以上人民政府交通主管部门或者国防交通主管机构责令限期改正，对负有直接责任的主管人员和其他直接责任人员依法给予处分；有违法所得的，予以没收，并处违法所得一倍以上五倍以下罚款：

（1）擅自改变国防交通工程设施用途或者作报废处理的。根据《国防交通法》第二十三条中的规定，国防交通工程设施管理单位负责国防交通工程设施的维护和管理，保持其国防功能。国防交通工程设施需要改变用途或者作报废处理的，由国防交通工程设施管理单位逐级上报国家国防交通主管机构或者其授权的国防交通主管机构批准。国防交通工程设施管理单位是国防交通工程设施维护和管理的责任主体，如果其管理的国防交通工程设施需要改变用途或者作报废处理，必须按照相关规定的流程逐级上报，否则就属于本条规定的擅自改变用途或者擅自作报废处理，需要承担相应的法律责任。

（2）拒绝或者故意拖延执行国防运输任务的。根据《国防交通法》第三十五条的规定，县级以上人民政府交通主管部门会同军队有关交通运输部门按照统一计划、集中指挥、迅速准确、安全保密的原则，组织国防运输。承担国防运输任务的公民和组织应当优先安排国防运输任务。违反上述规定，拒绝或者故意拖延执行任务的，需要承担相应的法律责任。

（3）拒绝或者故意拖延执行重点交通目标抢修、抢建任务的。根据《国防交通法》第四十三条、第四十四条中的规定，国防交通保障方案确定的重点交通目标的管理单位和预定承担保障任务的单位，应当根据有关规定编制重点交通目标保障预案，并做好相关准备。一旦重点交通目标受到破坏威胁，上述单位应当立即启动保障预案，做好相应准备；在重点交通目标遭受破坏时，应当按照任务分工，迅速组织实施工程加固和抢修、抢建，尽快恢复交通。如果上述单位拒绝或者故意拖延抢修、抢建任务，需要承担相应的法律责任。

（4）拒绝或者故意拖延执行国防交通储备物资调用命令的。根据《国防交通法》第五十三条中的规定，战时和平时特殊情况下执行交通防护和抢修、抢建任务，或者组织重大军事演习，抢险救灾以及国防交通专业保障队伍训练、演练等需要的,可以调用国防交通储备物资。经过批准后,国防交通储备物资储存管理单位应当严格执行储备物资调用指令,不得拒绝或者拖延;如果拒绝或者故意拖延执行储备物资调用指令,需要承担相应的法律责任。

(5)擅自改变国防交通储备物资用途或者作报废处理的。根据《国防交通法》第五十四条中的规定,国防交通储备物资因产品技术升级、更新换代或者主要技术性能低于使用维护要求,丧失储备价值的,可以改变用途或者作报废处理。但是,改变用途或者作报废处理都必须经过严格的审批手续。中央储备的国防交通物资需要改变用途或者作报废处理的,由国家国防交通主管机构组织技术鉴定并审核后,报国务院财政部门审批。地方储备的国防交通物资需要改变用途或者作报废处理的,由省、自治区、直辖市人民政府国防交通主管机构组织技术鉴定并审核后,报本级人民政府财政部门审批。此外,中央和地方储备的国防交通物资改变用途或者报废获得的收益,应当上缴本级国库,纳入财政预算管理。如果国防交通储备物资储存管理单位不经过审批手续,擅自改变用途或者作报废处理的,需要承担相应的法律责任。

(6)擅自动用国防交通储备物资的。调用国防交通储备物资,除了需要满足法定条件外,还需要履行审批手续。根据《国防交通法》第五十三条中的规定,调用中央储备的国防交通物资,由国家国防交通主管机构批准;调用地方储备的国防交通物资，由省、自治区、直辖市人民政府国防交通主管机构批准。未经批准，任何组织和个人不得动用国防交通储备物资。擅自动用国防交通储备物资的组织或者个人，需要承担相应的法律责任。

（7）未按照规定保管、维护国防交通储备物资，造成损坏、丢失的。根据《国防交通法》第五十二条中的规定，国防交通储备物资储存管理单位应当建立健全管理制度，按照国家有关规定和标准对储备物资进行保管、维护和更新，保证储备物资的使用效能和安全，不得挪用、损坏和丢失储备物资。国家国防交通主管机构制定了《国防交通物资储备管理规定》等规章，对国防交通物资储备管理提出了具体要求和标准，国防交通储备物资储存管理单位必须遵照执行。如果没有按照规定对国防交通储备物资进行保管和维护，造成国防交通储备物资损坏、丢失的，需要承担相应的法律责任。

97 国防交通主管机构的执法权如何理解？

答：根据《国防交通法》第五十五条中的规定，县级以上人民政府交通主管部门或者国防交通主管机构有权纠正违反《国防交通法》的行为，对负有直接责任的主管人员和其他直接责任人员依法给予处分；有违法所得的，予以没收，并处违法所得一倍以上五倍以下罚款。执法行为由县级以上人民政府交通主管部门或者国防交通主管机构的工作人员或授权人实施。

98 对国防交通工作人员的哪些违法行为给予处分?

答:国防交通主管机构、有关军事机关以及交通主管部门和其他相关部门的工作人员违反《国防交通法》规定,有下列情形之一的,对负有直接责任的主管人员和其他直接责任人员依法给予处分:

(1)滥用职权或者玩忽职守,给国防交通工作造成严重损失的。这里涉及两个方面的违法行为:一是滥用职权,给国防交通工作造成严重损失。即利用从事国防交通工作的便利条件,以权谋私,假公济私,或者滥施权威,随意作出决定,致使国防交通工作遭受严重损失的行为。二是玩忽职守,给国防交通工作造成严重损失。即不负责任,违反《国防交通法》及其他法律、法规的规定,不履行或不正确履行自己的职责,致使国防交通工作遭受严重损失的行为。《国防交通法》对国防交通工作各个环节中相关部门的职责都作了具体规定,如果相关工作人员不依法履职,滥用职权、玩忽职守,给国防交通工作造成严重损失的,负有直接责任的主管人员和其他直接责任人员都需要承担法律责任。

(2)贪污、挪用国防交通经费、物资的。这里涉及两个方面的违法行为:一是贪污国防交通经费、物资。国家工作人员如果利用职务上的便利,将国防交通经费、物资非法占为己有,即构成违法行为。二是挪用国防交通经费、物资。国防交通经费、物资应当用于国防交通工作,不得挪作他用。国家工作人员如果利用职务便利,将国防交通资金、物资用于其他用途,即构成违法行为。

(3)泄露在国防交通工作中知悉的国家秘密和商业秘密的。根据《保守国家秘密法》的规定,国家秘密是关系国家安全和利益,依照法定程序确定,在一定时间内只限一定范围的人员知悉的事项。国家秘密受法律保护。一切国家机关、武装力量、政党、社会团体、企业事业单位和公民都有保守国家秘密的义务。任何危害国家秘密安全的行为,都必须受到法律追究。根据《反不正当竞争法》的规定,商业秘密是指不为公众所知悉、具有商业价值并经权利人采取相应保密措施的技术信息、经营信息等商业信息。《国防交通法》第九条规定:"任何组织和个人对在国防交通工作中知悉的国家秘密和商业秘密负有保密义务。"故意或者过失泄露这些秘密,即构成违法行为。除了《国防交通法》的规定外,对于泄露国家秘密的行为,《保守国家秘密法》也规定了相应的法律责任,构成犯罪的还需要追究刑事责任。

(4)在国防交通工作中侵害公民或者组织合法权益的。国家工作人员依法用权,是国防交通活动顺利进行的重要保证,也是国防交通工作规范化、法治化的客观要求。国家工作人员如果利用从事国防交通工作的便利条件,滥用职权,随意作出决定,致使公民和组织的合法权益受到侵害的,即构成违法行为。

99 哪些国防交通违法行为应给予治安管理处罚？哪些国防交通违法行为需承担刑事责任？

答：（1）国防交通违法行为的治安管理处罚。违反《国防交通法》规定需要给予治安管理处罚的国防交通违法行为，主要是妨害社会管理的行为，涉及干扰、破坏国防交通秩序，阻碍从事国防交通工作的人员依法履行职责等。例如，按照《治安管理处罚法》第五十条中的规定，阻碍国家机关工作人员依法执行职务的，处警告或者二百元以下罚款；情节严重的，处五日以上十日以下拘留，可以并处五百元以下罚款。

（2）国防交通违法行为的刑事责任。违反《国防交通法》规定，构成犯罪需要追究刑事责任的行为主要是有关组织和个人战时实施拒绝、拖延民用资源征用或者阻碍对被征收、征用的民用资源进行改造的行为。《国防交通法》第七条第一款规定："县级以上人民政府根据国防需要，可以依法征用民用运载工具、交通设施、交通物资等民用交通资源，有关组织和个人应当予以配合，履行相关义务。"若触犯《刑法》第三百八十一条规定的战时拒绝军事征收、征用罪，情节严重的，处三年以下有期徒刑或者拘役。

此外，《国防交通法》第五十六条规定的违法行为构成犯罪的，其罪名主要集中于《刑法》分则第八章“贪污贿赂罪”、第九章“渎职罪”和第十章“军人违反职责罪”，包括贪污罪、挪用公款罪、滥用职权罪、玩忽职守罪、故意泄露国家秘密罪、过失泄露国家秘密罪、故意泄露军事秘密罪、过失泄露军事秘密罪等。对此，均应依照《刑法》的相关规定给予相应的刑事处罚。

第九章　附　　则

100　为什么规定与国防交通密切相关的信息设施设备和专业保障队伍的建设、管理、使用活动适用《国防交通法》？

答：我国国防交通一直沿用“交通是各种运输和邮电通信的总称”这个大交通概念，并且通信战备工作属于国防交通的范畴。与国防交通密切相关的信息系统，主要包括战备应急通信系统、交通运输调度指挥系统、国防交通指挥控制和管理信息系统三个方面。一是战备应急通信系统，包括战备应急通信网络的设施设备和专业保障队伍。其设施设备主要是指党政机关通信和承担战备应急任务的通信应急设施设备；专业保障队伍是指由工业和信息化部国防交通主管机构在国家国防交通主管机构的指导下，组建和管理、使用的通信专业队伍。二是交通运输调度指挥系统。其设施设备主要是指与国防运输相关的铁路指挥调度、海运指挥控制和导航、航空指挥管理、公路运输动态监控等通信指挥网络和平台。三是国防交通指挥控制和管理信息系统。其设施设备主要有国防交通专用信息网络通道和平台以及与国防相关的交通测绘、交通地理信息、交通资源管理信息等网络平台和信息系统。以上三个信息系统的设施设备和专业保障队伍，是国防交通的重要组成部分，是保障国防交通活动顺利实施的重要物质基础，都属于《国防交通法》的规范对象。鉴于国家关于信息动员的立法尚在论证之中，故《国防交通法》明确“国家对信息动员另有规定的，从其规定”。

附录一

中华人民共和国国防交通法

（2016年9月3日第十二届全国人民代表大会常务委员会第二十二次会议通过　2016年9月3日中华人民共和国主席令第五十号公布　自2017年1月1日起施行）

目　　录

第一章　总　　则

第一条　为了加强国防交通建设，促进交通领域军民融合发展，保障国防活动顺利进行，制定本法。

第二条　以满足国防需要为目的，在铁路、道路、水路、航空、管道以及邮政等交通领域进行的规划、建设、管理和资源使用活动，适用本法。

第三条　国家坚持军民融合发展战略，推动军地资源优化配置、合理共享，提高国防交通平时服务、急时应急、战时应战的能力，促进经济建设和国防建设协调发展。

国防交通工作遵循统一领导、分级负责、统筹规划、平战结合的原则。

第四条　国家国防交通主管机构负责规划、组织、指导和协调全国的国防交通工作。国家国防交通主管机构的设置和工作职责，由国务院、中央军事委员会规定。

县级以上地方人民政府国防交通主管机构负责本行政区域的国防交通工作。

县级以上人民政府有关部门和有关军事机关按照职责分工，负责有关的国防交通工作。

省级以上人民政府有关部门和军队有关部门建立国防交通军民融合发展会商机制，相互通报交通建设和国防需求等情况，研究解决国防交通重大问题。

16:11:56 11/21

第五条 公民和组织应当依法履行国防交通义务。

国家鼓励公民和组织依法参与国防交通建设,并按照有关规定给予政策和经费支持。

第六条 国防交通经费按照事权划分的原则,列入政府预算。

企业事业单位用于开展国防交通日常工作的合理支出,列入本单位预算,计入成本。

第七条 县级以上人民政府根据国防需要,可以依法征用民用运载工具、交通设施、交通物资等民用交通资源,有关组织和个人应当予以配合,履行相关义务。

民用交通资源征用的组织实施和补偿,依照有关法律、行政法规执行。

第八条 各级人民政府应当将国防交通教育纳入全民国防教育,通过多种形式开展国防交通宣传活动,普及国防交通知识,增强公民的国防交通观念。

各级铁路、道路、水路、航空、管道、邮政等行政管理部门(以下统称交通主管部门)和相关企业事业单位应当对本系统、本单位的人员进行国防交通教育。

设有交通相关专业的院校应当将国防交通知识纳入相关专业课程或者单独开设国防交通相关课程。

第九条 任何组织和个人对在国防交通工作中知悉的国家秘密和商业秘密负有保密义务。

第十条 对在国防交通工作中作出突出贡献的组织和

个人，按照国家有关规定给予表彰和奖励。

第十一条 国家加强国防交通信息化建设，为提高国防交通保障能力提供支持。

第十二条 战时和平时特殊情况下，需要在交通领域采取行业管制、为武装力量优先提供交通保障等国防动员措施的，依照《中华人民共和国国防法》、《中华人民共和国国防动员法》等有关法律执行。

武装力量组织进行军事演习、训练，需要对交通采取临时性管制措施的，按照国务院、中央军事委员会的有关规定执行。

第十三条 战时和平时特殊情况下，国家根据需要，设立国防交通联合指挥机构，统筹全国或者局部地区的交通运输资源，统一组织指挥全国或者局部地区的交通运输以及交通设施设备的抢修、抢建与防护。相关组织和个人应当服从统一指挥。

第二章 国防交通规划

第十四条 国防交通规划包括国防交通工程设施建设规划、国防交通专业保障队伍建设规划、国防交通物资储备规划、国防交通科研规划等。

编制国防交通规划应当符合下列要求：

（一）满足国防需要，有利于平战快速转换，保障国防活动顺利进行；

（二）兼顾经济社会发展需要，突出重点，注重效益，促进资源融合共享；

（三）符合城乡规划和土地利用总体规划，与国家综合交通运输体系发展规划相协调；

（四）有利于加强边防、海防交通基础设施建设，扶持沿边、沿海经济欠发达地区交通运输发展；

（五）保护环境，节约土地、能源等资源。

第十五条 县级以上人民政府应当将国防交通建设纳入国民经济和社会发展规划。

国务院及其有关部门和省、自治区、直辖市人民政府制定交通行业以及相关领域的发展战略、产业政策和规划交通网络布局，应当兼顾国防需要，提高国家综合交通运输体系保障国防活动的能力。

国务院有关部门应当将有关国防要求纳入交通设施、设备的技术标准和规范。有关国防要求由国家国防交通主管机构征求军队有关部门意见后汇总提出。

第十六条 国防交通工程设施建设规划，由县级以上人民政府国防交通主管机构会同本级人民政府交通主管部门编制，经本级人民政府发展改革部门审核后，报本级人民政府批准。

下级国防交通工程设施建设规划应当依据上一级国防交通工程设施建设规划编制。

编制国防交通工程设施建设规划，应当征求有关军事机关和本级人民政府有关部门的意见。县级以上人民政府有关部门编制综合交通运输体系发展规划和交通工程设施建设规划，应当征求本级人民政府国防交通主管机构的意见，并纳入国防交通工程设施建设的相关内容。

第十七条　国防交通专业保障队伍建设规划，由国家国防交通主管机构会同国务院有关部门和军队有关部门编制。

第十八条　国防交通物资储备规划，由国防交通主管机构会同军地有关部门编制。

中央储备的国防交通物资，由国家国防交通主管机构会同国务院交通主管部门和军队有关部门编制储备规划。

地方储备的国防交通物资，由省、自治区、直辖市人民政府国防交通主管机构会同本级人民政府有关部门和有关军事机关编制储备规划。

第十九条　国防交通科研规划，由国家国防交通主管机构会同国务院有关部门和军队有关部门编制。

第三章　交通工程设施

第二十条　建设国防交通工程设施，应当以国防交通工程设施建设规划为依据，保障战时和平时特殊情况下国防交通畅通。

建设其他交通工程设施，应当依法贯彻国防要求，在建设中采用增强其国防功能的工程技术措施，提高国防交通保障能力。

第二十一条 国防交通工程设施应当按照基本建设程序、相关技术标准和规范以及国防要求进行设计、施工和竣工验收。相关人民政府国防交通主管机构组织军队有关部门参与项目的设计审定、竣工验收等工作。

交通工程设施建设中为增加国防功能修建的项目应当与主体工程同步设计、同步建设、同步验收。

第二十二条 国防交通工程设施在满足国防活动需要的前提下，应当为经济社会活动提供便利。

第二十三条 国防交通工程设施管理单位负责国防交通工程设施的维护和管理，保持其国防功能。

国防交通工程设施需要改变用途或者作报废处理的，由国防交通工程设施管理单位逐级上报国家国防交通主管机构或者其授权的国防交通主管机构批准。

县级以上人民政府应当加强对国防交通工程设施维护管理工作的监督检查。

第二十四条 任何组织和个人进行生产和其他活动，不得影响国防交通工程设施的正常使用，不得危及国防交通工程设施的安全。

第二十五条 县级以上人民政府国防交通主管机构负责向本级人民政府交通主管部门以及相关企业事业单位了解交通工程设施建设项目的立项、设计、施工等情况；有关人民政府交通主管部门以及相关企业事业单位应当予以配合。

第二十六条　县级以上人民政府国防交通主管机构应当及时向有关军事机关通报交通工程设施建设情况，并征求其贯彻国防要求的意见，汇总后提出需要贯彻国防要求的具体项目。

第二十七条　对需要贯彻国防要求的交通工程设施建设项目，由有关人民政府国防交通主管机构会同本级人民政府发展改革部门、财政部门、交通主管部门和有关军事机关，与建设单位协商确定贯彻国防要求的具体事宜。

交通工程设施新建、改建、扩建项目因贯彻国防要求增加的费用由国家承担。有关部门应当对项目的实施予以支持和保障。

第二十八条　各级人民政府对国防交通工程设施建设项目和贯彻国防要求的交通工程设施建设项目，在土地使用、城乡规划、财政、税费等方面，按照国家有关规定给予政策支持。

第四章　民用运载工具

第二十九条　国家国防交通主管机构应当根据国防需要，会同国务院有关部门和军队有关部门，确定需要贯彻国防要求的民用运载工具的类别和范围，及时向社会公布。

国家鼓励公民和组织建造、购置、经营前款规定的类别和范围内的民用运载工具及其相关设备。

第三十条 县级以上人民政府国防交通主管机构应当向民用运载工具登记管理部门和建造、购置人了解需要贯彻国防要求的民用运载工具的建造、购置、使用等情况,有关公民和组织应当予以配合。

第三十一条 县级以上人民政府国防交通主管机构应当及时将掌握的民用运载工具基本情况通报有关军事机关,并征求其贯彻国防要求的意见,汇总后提出需要贯彻国防要求的民用运载工具的具体项目。

第三十二条 对需要贯彻国防要求的民用运载工具的具体项目,由县级以上人民政府国防交通主管机构会同本级人民政府财政部门、交通主管部门和有关军事机关,与有关公民和组织协商确定贯彻国防要求的具体事宜,并签订相关协议。

第三十三条 民用运载工具因贯彻国防要求增加的费用由国家承担。有关部门应当对民用运载工具贯彻国防要求的实施予以支持和保障。

各级人民政府对贯彻国防要求的民用运载工具在服务采购、运营范围等方面,按照有关规定给予政策支持。

第三十四条 贯彻国防要求的民用运载工具所有权人、承租人、经营人负责民用运载工具的维护和管理,保障其使用效能。

第五章　国 防 运 输

第三十五条　县级以上人民政府交通主管部门会同军队有关交通运输部门按照统一计划、集中指挥、迅速准确、安全保密的原则，组织国防运输。

承担国防运输任务的公民和组织应当优先安排国防运输任务。

第三十六条　国家以大中型运输企业为主要依托，组织建设战略投送支援力量，增强战略投送能力，为快速组织远距离、大规模国防运输提供有效支持。

承担战略投送支援任务的企业负责编组人员和装备，根据有关规定制定实施预案，进行必要的训练、演练，提高执行战略投送任务的能力。

第三十七条　各级人民政府和军事机关应当加强国防运输供应、装卸等保障设施建设。

县级以上地方人民政府和相关企业事业单位，应当根据国防运输的需要提供饮食饮水供应、装卸作业、医疗救护、通行与休整、安全警卫等方面的必要的服务或者保障。

第三十八条　国家驻外机构和我国从事国际运输业务的企业及其境外机构，应当为我国实施国际救援、海上护航和维护国家海外利益的军事行动的船舶、飞机、车辆和人员的补给、休整提供协助。

国家有关部门应当对前款规定的机构和企业为海外军事行动提供协助所需的人员和运输工具、货物等的出境入境提供相关便利。

第三十九条 公民和组织完成国防运输任务所发生的费用,由使用单位按照不低于市场价格的原则支付。具体办法由国务院财政部门、交通主管部门和中央军事委员会后勤保障部规定。

第四十条 军队根据需要,可以在相关交通企业或者交通企业较为集中的地区派驻军事代表,会同有关单位共同完成国防运输和交通保障任务。

军事代表驻在单位和驻在地人民政府有关部门,应当为军事代表开展工作提供便利。

军事代表的派驻和工作职责,按照国务院、中央军事委员会的有关规定执行。

第六章 国防交通保障

第四十一条 各级国防交通主管机构组织人民政府有关部门和有关军事机关制定国防交通保障方案,明确重点交通目标、线路以及保障原则、任务、技术措施和组织措施。

第四十二条 国务院有关部门和县级以上地方人民政府按照职责分工,组织有关企业事业单位实施交通工程设施抢修、抢建和运载工具抢修,保障国防活动顺利进行。有关军事机关应当给予支持和协助。

第四十三条 国防交通保障方案确定的重点交通目标的管理单位和预定承担保障任务的单位,应当根据有关规定编制重点交通目标保障预案,并做好相关准备。

第四十四条 重点交通目标的管理单位和预定承担保障任务的单位,在重点交通目标受到破坏威胁时,应当立即启动保障预案,做好相应准备;在重点交通目标遭受破坏时,应当按照任务分工,迅速组织实施工程加固和抢修、抢建,尽快恢复交通。

与国防运输有关的其他交通工程设施遭到破坏的,其管理单位应当及时按照管理关系向上级报告,同时组织修复。

第四十五条 县级以上人民政府国防交通主管机构会同本级人民政府国土资源、城乡规划等主管部门确定预定抢建重要国防交通工程设施的土地,作为国防交通控制范围,纳入土地利用总体规划和城乡规划。

未经县级以上人民政府国土资源主管部门、城乡规划主管部门和国防交通主管机构批准,任何组织和个人不得占用作为国防交通控制范围的土地。

第四十六条 重点交通目标的对空、对海防御,由军队有关部门纳入对空、对海防御计划,统一组织实施。

重点交通目标的地面防卫,由其所在地县级以上人民政府和有关军事机关共同组织实施。

重点交通目标的工程技术防护,由其所在地县级以上人民政府交通主管部门会同本级人民政府国防交通主管机构、人民防空主管部门,组织指导其管理单位和保障单位实施。

重点交通目标以外的其他交通设施的防护,由其所在地县级以上人民政府按照有关规定执行。

第四十七条 因重大军事行动和国防科研生产试验以及与国防相关的保密物资、危险品运输等特殊需要,县级以上人民政府有关部门应当按照规定的权限和程序,在相关地区的陆域、水域、空域采取必要的交通管理措施和安全防护措施。有关军事机关应当给予协助。

第四十八条 县级以上人民政府交通主管部门和有关军事机关、国防交通主管机构应当根据需要,组织相关企业事业单位开展国防交通专业保障队伍的训练、演练。

国防交通专业保障队伍由企业事业单位按照有关规定组建。

参加训练、演练的国防交通专业保障队伍人员的生活福利待遇,参照民兵参加军事训练的有关规定执行。

第四十九条 国防交通专业保障队伍执行国防交通工程设施抢修、抢建、防护和民用运载工具抢修以及人员物资抢运等任务,由县级以上人民政府国防交通主管机构会同本级人民政府交通主管部门统一调配。

国防交通专业保障队伍的车辆、船舶和其他机动设备,执行任务时按照国家国防交通主管机构的规定设置统一标志,可以优先通行。

第五十条 各级人民政府对承担国防交通保障任务的企业和个人，按照有关规定给予政策支持。

第七章 国防交通物资储备

第五十一条 国家建立国防交通物资储备制度，保证战时和平时特殊情况下国防交通顺畅的需要。

国防交通物资储备应当布局合理、规模适度，储备的物资应当符合国家规定的质量标准。

国防交通储备物资的品种由国家国防交通主管机构会同国务院有关部门和军队有关部门规定。

第五十二条 国务院交通主管部门和省、自治区、直辖市人民政府国防交通主管机构，应当按照有关规定确定国防交通储备物资储存管理单位，监督检查国防交通储备物资管理工作。

国防交通储备物资储存管理单位应当建立健全管理制度，按照国家有关规定和标准对储备物资进行保管、维护和更新，保证储备物资的使用效能和安全，不得挪用、损坏和丢失储备物资。

第五十三条 战时和平时特殊情况下执行交通防护和抢修、抢建任务，或者组织重大军事演习，抢险救灾以及国防交通专业保障队伍训练、演练等需要的，可以调用国防交通储备物资。

调用中央储备的国防交通物资，由国家国防交通主管机构批准；调用地方储备的国防交通物资，由省、自治区、直辖市人民政府国防交通主管机构批准。

国防交通储备物资储存管理单位，应当严格执行储备物资调用指令，不得拒绝或者拖延。

未经批准，任何组织和个人不得动用国防交通储备物资。

第五十四条 国防交通储备物资因产品技术升级、更新换代或者主要技术性能低于使用维护要求，丧失储备价值的，可以改变用途或者作报废处理。

中央储备的国防交通物资需要改变用途或者作报废处理的，由国家国防交通主管机构组织技术鉴定并审核后，报国务院财政部门审批。

地方储备的国防交通物资需要改变用途或者作报废处理的，由省、自治区、直辖市人民政府国防交通主管机构组织技术鉴定并审核后，报本级人民政府财政部门审批。

中央和地方储备的国防交通物资改变用途或者报废获得的收益，应当上缴本级国库，纳入财政预算管理。

第八章 法律责任

第五十五条 违反本法规定，有下列行为之一的，由县级以上人民政府交通主管部门或者国防交通主管机构责令限期改正,对负有直接责任的主管人员和其他直接责任人员依法给予处分;有违法所得的,予以没收,并处违法所得一倍以上五倍以下罚款:

(一)擅自改变国防交通工程设施用途或者作报废处理的;

(二)拒绝或者故意拖延执行国防运输任务的;

(三)拒绝或者故意拖延执行重点交通目标抢修、抢建任务的;

(四)拒绝或者故意拖延执行国防交通储备物资调用命令的;

(五)擅自改变国防交通储备物资用途或者作报废处理的;

(六)擅自动用国防交通储备物资的;

(七)未按照规定保管、维护国防交通储备物资,造成损坏、丢失的。

上述违法行为造成财产损失的,依法承担赔偿责任。

第五十六条 国防交通主管机构、有关军事机关以及交通主管部门和其他相关部门的工作人员违反本法规定,有下列情形之一的,对负有直接责任的主管人员和其他直接责任人员依法给予处分:

(一)滥用职权或者玩忽职守,给国防交通工作造成严重损失的;

(二)贪污、挪用国防交通经费、物资的;

(三)泄露在国防交通工作中知悉的国家秘密和商业秘

密的；

（四）在国防交通工作中侵害公民或者组织合法权益的。

第五十七条 违反本法规定，构成违反治安管理行为的，依法给予治安管理处罚；构成犯罪的，依法追究刑事责任。

第九章 附 则

第五十八条 本法所称国防交通工程设施，是指国家为国防目的修建的交通基础设施以及国防交通专用的指挥、检修、装卸、仓储等工程设施。

本法所称国防运输，是指政府和军队为国防目的运用军民交通运输资源，运送人员、装备、物资的活动。军队运用自身资源进行的运输活动，按照中央军事委员会有关规定执行。

第五十九条 与国防交通密切相关的信息设施、设备和专业保障队伍的建设、管理、使用活动，适用本法。

国家对信息动员另有规定的，从其规定。

第六十条 本法自 2017 年 1 月 1 日起施行。

附录二

国务院办公厅　中央军委办公厅
关于学习宣传贯彻《中华人民共和国
国防交通法》的通知

（2017 年 6 月 14 日　国办发〔2017〕58 号）

各省、自治区、直辖市人民政府，国务院各部委、各直属机构，解放军各大单位、中央军委机关各部门：

十二届全国人大常委会第二十二次会议于 2016 年 9 月 3 日通过了《中华人民共和国国防交通法》（以下简称国防交通法），国家主席习近平签署第五十号主席令予以公布，自 2017 年 1 月 1 日起施行。现就学习宣传贯彻国防交通法的有关事项通知如下：

一、充分认清国防交通法公布施行的重大意义

国防交通法是党的十八大以来在国防军事领域制定的第一部法律，是深入贯彻军民融合国家战略的第一部法律。公布施行国防交通法，对于规范国防交通活动，加强国防交通建设，促进交通领域军民融合，提升战略投送能力，维护国家主权、安全和发展利益，实现强国强军梦，具有十分重要的意义。

公布施行国防交通法是增强国家战略能力的需要。强大的投送能力是抢占制胜先机、赢得战争主动的先决条件，是国防和军队建设重点发展的关键作战能力之一，是国家战略能力特别是军事能力的重要标志。当前，我军战略投送力量总体规模偏小、能力水平偏弱，与国家利益拓展要求不相适应，与世界强国相比还有差距。公布施行国防交通法，就是要依法加快战略投送力量、装备手段、交通基础设施建设步伐，着眼覆盖国土全域、通达海上方向、辐射海外远域，努力实现战略投送能力全面跃升，为我军有效履行“四个坚决维护”历史使命提供有力保障。

公布施行国防交通法是推动军民融合深度发展的需要。国防交通一端联着经济，一端联着国防，是我国探索军民结合、推动军民融合发展的重要实践领域。我国经济总量已居世界第二，铁路、公路、海上、航空运力位于世界前列，有党的领导和社会主义制度的优势，完全可以在军民融合上有大的作为。公布施行国防交通法，有利于凝聚军地各方共识，优化配置军地资源，增强军地行动自觉，发挥交通领域军民融合先行优势，推动经济建设与国防建设融合发展，为实现富国强军的有机统一提供有力支撑。

公布施行国防交通法是提高国防和军队建设法治化水平的需要。实施全面依法治国战略，深入推进依法治军、从严治军，迫切需要丰富和发展中国特色军事法规体系，国防交通法是其重要组成部分。用法律明确和规范政府、军队、企业和公民在国防交通活动中的责任、权利和义务，有利于调整国防交通传统发展模式，重塑国防交通现代组织形态，转变国防交通运作方式，健全完善国防交通基本制度，提高国防交通工作的法治化水平。

二、认真做好国防交通法的学习宣传贯彻工作

学法知法是运用法治思维和法治方式的前提。各级各部门要把学习宣传贯彻国防交通法作为建设社会主义民主与法治的重要任务，作为推动交通领域军民融合深度发展的重要抓手，摆上重要工作日程，有计划、有针对性地开展灵活多样的学习宣传贯彻工作。

各级机关和领导干部要带头学习宣传贯彻。要把国防交通法列入领导干部和机关业务学习计划，制定实施方案。各单位尤其是国防交通主管机构和交通主管部门，应安排时间组织集中学习交流，领会精神实质，掌握基本内涵和外延，把准运用尺度。各级领导干部特别是交通行业分管领导干部，要带头学习、带头宣讲、带头运用，做依法推进国防交通建设的带头人和明白人。要依托军地有关院校举办学习班、研讨班，有计划有步骤地对交通主管部门、国防交通主管机构、军队和武警部队后勤保障部门的业务干部进行培训、轮训。

军地交通运输系统要争当学习宣传贯彻的模范。交通运输系统是开展国防交通工作的主体，要把国防交通法作为应知应会的基础内容，纳入交通运输行业、军队和武警部队运输投送系统教育训练大纲和教材。要把国防交通法的学习运用作为交通运输领域绩效考核、检查评比的重要内容，激励广大干部职工和广大官兵争当学习宣传贯彻国防交通法的模范，形成办事依法、遇事找法、解决问题用法、化解矛盾靠法的良好法治环境。

普法工作要全面深入。各有关单位要把国防交通法纳入全民国防教育和普法教育，广泛运用广播电视、报刊、网络等主流传媒，贴近经济社会热点和群众关切，采取咨询服务、知识竞赛等人民群众喜闻乐见的各种形式，全方位、多视角、分层级宣传国防交通法，使广大公民了解在国防交通活动中的权利与义务，自觉参与、关心、支持国防交通建设。

三、依法推进国防交通建设创新发展

贯彻落实国防交通法，重在依法凝聚军民意志，统一行动规范，有力有序有效推进国防交通建设、提升战略投送能力。各有关单位要强化使命担当，把握工作特点，结合实际研究制定贯彻落实的具体措施办法，切实增强国防意识和法治意识，推动国防交通工作创新发展。

依法推进国防交通体系建设。依据国防交通法，健全军地各级国防交通主管机构和多部门工作协调机制。国务院有关部门和地方各级政府要规范职能机构设置，落实人员编配，强化交通战备日常工作；军队各级运输投送机构要切实把国防交通作为提高战略投送能力的基础性工作，注重发挥法治的引导、推动、规范、保障作用，在各层次、各领域加强与地方国防交通主管机构的协同配合，形成各司其职、齐抓共管的良好局面。要严格执行国防交通法的各项规定,统筹考虑军地需求,综合运用交通资源,不断拓展融合范围,推进国家综合交通运输体系与国防交通体系协调发展、创新发展。

依法健全国防交通配套法规。依据国防交通法,做好相关法规规章和标准规范的立、改、废、释。建立健全国防交通规划计划、交通基础设施、国防运输、交通保障以及奖励处罚、监督落实等一系列规章制度,构建涵盖各类民用运载工具贯彻国防要求的目录体系和技术标准,规范国防交通专业保障力量平战时建设管理运用的程序办法,健全履行国防交通义务的激励扶持政策制度,为有序开展国防交通工作、推进战略投送能力建设,提供完善配套的法治保障。

依法履行国防交通职责义务。强化国家机关、社会团体、企事业单位和公民履行国防交通义务的思想自觉和行动自觉。认真研究新形势下国防交通和战略投送能力建设面临的新情况新问题,拿出具体解决办法。研究有效措施,保护各级组织和个人履行国防交通义务的积极性,规范约束言行,加强执法检查监督,严禁有法不依、执法不严、违法不纠行为,用依法推进国防交通和战略投送能力建设的实际行动和优异成绩,迎接党的十九大胜利召开。